P9-AQN-371

448.2421
At5h

117437

DATE DUE

WITHDRAWN
L. R. COLLEGE LIBRARY

PERGAMON INTERNATIONAL LIBRARY
of Science, Technology, Engineering and Social Studies

The 1000-volume original paperback library in aid of education,
industrial training and the enjoyment of leisure

Publisher: Robert Maxwell, M.C.

Hotel and Catering French

A New Approach for
Advanced Students and Practitioners

THE PERGAMON TEXTBOOK
INSPECTION COPY SERVICE

An inspection copy of any book published in the Pergamon International Library will gladly be sent
to academic staff without obligation for their consideration for course adoption or recommendation. Copies may be retained for a period of 60 days from receipt and returned if not suitable.
When a particular title is adopted or recommended for adoption for class use and the
recommendation results in a sale of 12 or more copies, the inspection copy may be retained
with our compliments. The Publishers will be pleased to receive suggestions for revised editions
and new titles to be published in this important International Library.

INTERNATIONAL SERIES IN HOSPITALITY MANAGEMENT

Editor-in-Chief: JOHN O'CONNOR, *Head, Department of Catering Management, Oxford Polytechnic, England*

Editors: EWOUT CASSEE
GERALD LATTIN
DONALD SMITH

This series aims to reinforce and to extend the body of knowledge of the profession of hospitality management, a profession which includes the management of hotels and other forms of accommodation; the management of catering and of food and beverage service establishments; and the management of clubs, and conference and holiday centres. The series will include textbooks, monographs and papers of value in the education, training and development of students and managers beginning their careers. It will also provide material for the continuing education of members of the profession, including managers, teachers and research workers, through developing their understanding of and effectiveness within the hospitality industry.

Some Titles in the Series

ATKINSON, D.
Menu French

HAYTER, R.
A Career in Catering

Hotel and Catering French

A New Approach for
Advanced Students and Practitioners

DAVID ATKINSON

B.A., Ph.D., P.G.C.E.
Senior Lecturer in French,
Oxford Polytechnic, UK

CARL A. RUDISILL LIBRARY
LENOIR RHYNE COLLEGE

PERGAMON PRESS
Oxford · New York · Toronto · Sydney · Paris · Frankfurt

U.K.	Pergamon Press Ltd., Headington Hill Hall, Oxford OX3 0BW, England
U.S.A.	Pergamon Press Inc., Maxwell House, Fairview Park, Elmsford, New York 10523, U.S.A.
CANADA	Pergamon of Canada, Suite 104, 150 Consumers Road, Willowdale, Ontario M2J 1P9, Canada
AUSTRALIA	Pergamon Press (Aust.) Pty. Ltd., P.O. Box 544, Potts Point, N.S.W. 2011, Australia
FRANCE	Pergamon Press SARL, 24 rue des Ecoles, 75240 Paris, Cedex 05, France
FEDERAL REPUBLIC OF GERMANY	Pergamon Press GmbH, 6242 Kronberg-Taunus, Pferdstrasse 1, Federal Republic of Germany

Copyright © 1980 David Atkinson

All Rights Reserved. No part of this publication may be reproduced, stored in a retrieval system or transmitted in any form or by any means: electronic, electrostatic, magnetic tape, mechanical, photocopying, recording or otherwise, without permission in writing from the publishers

First edition 1980

British Library Cataloguing in Publication Data

Atkinson, David, b. 1932
Hotel and catering French. — (Pergamon international library).
1. French language
I. Title
448′.002′4642   PC2073   79-41102

ISBN 0-08-023731-2 (Hardcover)
ISBN 0-08-023730-4 (Flexicover)

448.2421
Atsh
117437
Mai.1981

Printed in Great Britain by Biddles Ltd, Guildford, Surrey

TO SHIRLEY

Contents

Introduction

This course is designed for students who have reached a standard in French approximately that of the GCE Ordinary Level. It is hoped that it will also prove useful to the more mature student who wishes to refresh his knowledge of French in the context of the Hotel and Catering Industry; to this end, the glossaries at the end of the book are rather fuller than would normally be expected in a course which, generally speaking, would be taught in the classroom.

There is a small number of books on the subject of French in the Hotel and Catering Industry on the market. These are excellent, but the author of the present course feels that they suffer from two main shortcomings. Firstly, a French-English glossary is essential, not only for the private student, but also for the full-time student, if he is ever going to have the worthwhile experience of working on his own. An essential part of language experience is translation from English into French, and, therefore, an English-French glossary is also essential. Secondly, though the contents of existing courses are excellent in their own way, they do tend to be so closely allied to the rest of the student's course that they do not afford him any change from his usual studies. Moreover, it really does seem reasonable for the lecturer in, for example, restaurant practice to give the student the benefit of his undoubted expertise in this subject, and for the French specialist to deal with matters more directly concerned with the improvement of the student's French. This is not to say, however, that those who have produced books to date on matters very closely allied to the everyday course of the student of Hotel and Catering

subjects have not shown admirable expertise in such technical matters; indeed they have, and are to be congratulated
on their command of the technical aspects of this vast subject. It does, however, seem that there is so much more
material available to the teacher of French to students preparing to play a part in the Hotel and Catering Industry,
often at managerial level—material that is interesting,
informative, and that serves the additional and essential
purpose of furthering the student's knowledge of French.

This course is arranged in five sections with some additional exercises at the ends of these sections. Each section
comprises about thirty hours' work (including testing, and
exploitation of the appendices), and follows more or less
the same pattern as the four other sections. A section, generally speaking, will contain a passage of geographical and
gastronomic interest with comprehension questions, a
regional recipe, advertisements for technical equipment, a
passage on the principles of cooking and one biography
of a famous gourmet or chef, and a "Long Reading Passage"; in addition to these six standard passages there are
two "lessons" that vary in nature from section to section
(for example, correspondence, advertisements of job vacancies, cheese, fish, good manners) and two passages for translation from English to French, one of which is a recipe,
thus giving the student an opportunity to apply his growing
knowledge of essential terms used in the kitchen.

The exercises at the end of each section also follow a
set pattern, namely, correct menu-writing, practice in using
in menu items the feminine form of the adjective derived
from place-names, translation of sentences from English
and from French, and testing the work covered in that
particular section. The exercises on menu-writing will be
new in that the subject has not previously occurred in
the aforegoing section. The private student will need to
consult a book on that subject if he is to deal adequately
with these exercises. There are various ways of practising
this subject (for example, giving cuts of meat and asking

for different preparations, but this is very difficult to check since students are so inventive), and the one suggested may not meet with everyone's approval, since items that have been incorrectly written are set down for correction by the student. However, it is felt that the student is old enough not to be influenced by the mistakes rather than by the subsequent correction of these mistakes, and, secondly, that since menus are notoriously badly written, the student's first contact with menu-French is likely to be with incorrect French in any case. By selecting his menu items with care, the lecturer can teach effectively moving from the incorrect to the correct. The exercises at the end of the five sections are of a miscellaneous nature and will provide the teacher with a number of teaching-points; they are intended to be used as additional material to each section, rather than as a section on its own.

The soundest way of acquiring vocabulary is to learn it in a context rather than in a list of words of associated meanings. Unfortunately, to use, in context, the specialist vocabulary needed by the student preparing himself for the Hotel and Catering Industry would require a very large book. Check lists of specialist vocabulary have therefore been included, but the meanings will need to be looked for in the glossary. Perhaps in this way the student will be able to check his knowledge of such words more effectively and to fill in the gaps in his knowledge as he discovers them.

As has already been mentioned, the glossaries are rather fuller than one would normally expect in a course of this kind. This is to help the student working on his own and without the advantages of the lecturer's presence. The English-French glossary is not a reversal of the French-English one; it is solely concerned with the exercises in the book that work from English into French. The glossaries do not indicate the part of speech of a particular word; it is expected that the student will recognize at this stage in his linguistic career the word he needs. The nouns, of course, are accompanied by an indication of the gender and, when appropriate, the number. The French-English glossary is placed last since this is the part that is going to be the most used, and the last part of a book is more easily found.

The experienced teacher will have no difficulty in exploiting the material in this book and in supplementing it should the need arise. For the less-experienced teacher, the author offers some suggestions for teaching and exploitation, at the very end of the book.

Acknowledgments

I wish to express my thanks to the following for their kind permission to reproduce extracts from their publications:

Editions JEMA S.A., Meilhan-sur-Garonne;

Manufrance, Saint-Etienne;

Martell & Cie, Cognac;

Monsieur Georges Menant;

Paris-Match.

I am also very grateful to my friends Mrs Paulette Grant and Monsieur Jean Stéber for their valuable suggestions.

D. A.

SECTION A

La Normandie

L'ancienne province de Normandie est maintenant divisée en cinq départements (l'Orne, la Seine-Inférieure, le Calvados, l'Eure et la Manche) mais elle garde toujours une unité culturelle. Son paysage est varié et on peut voir des dunes de sable, une immense plaine crayeuse, de verts pâturages, aussi bien qu'une région pittoresque et accidentée qui est connue sous le nom de "La Suisse normande". On reconnaît la maison normande par ses boiseries apparentes (colombages).

La cuisine normande est aussi variée que son paysage. Elle reflète son agriculture et peut être considérée comme une des meilleures de France. Grâce aux verts pâturages, les produits laitiers sont des plus importants. A l'hôtel, les petits paquets de beurre qui sont souvent offerts avec le petit déjeuner viennent d'Isigny où les fermiers ont formé une coopérative. Les fromages aussi sont très connus dans le monde entier — le camembert, le livarot, le neufchâtel (en forme de coeur) et le pont-l'évêque, pour n'en citer que quatre. Les fromages frais (les petits-suisses) et les yaourts de Normandie s'achètent sans difficulté en Angleterre.

Les viandes de boucherie sont d'une excellente qualité et le mouton des prés-salés est particulièrement bon. La charcuterie de Rouen et les andouilles de Vire jouissent d'une réputation nationale et on n'a qu'à mentionner la ville de Caen pour faire penser aux tripes à la mode de Caen.

Les produits de la mer jouent aussi un très grand rôle en Normandie. Les poissons de mer sont nombreux — soles, barbues, turbots, maquereaux et autres — et les rivières fournissent l'alose, les saumons et les truites. Les poissons de mer et d'eau douce sont complétés par d'excellents coquillages et crustacés — en particulier il faut citer les huîtres de Dives et de Saint-Vaast-La-Hougue et les moules qu'on peut déguster dans la capitale de Rouen où l'on trouve tous les produits de la Normandie.

Le verger normand est assez important. Les pommes normandes jouissent d'une grande réputation. La vigne n'est pas cultivée et on n'a donc pas de vin régional. La boisson normande, bien entendu, est le cidre dont on distille une excellente eau-de-vie, le calvados. A Fécamp, près du Havre, une liqueur est fabriquée qui est connue partout dans le monde, la bénédictine.

Questions

1. Qu'est-ce qu'on cultive dans un verger?
2. Nommez quelques arbres fruitiers.
3. Pourquoi n'y a-t-il pas de vignobles en Normandie?
4. Où se trouvent les prés-salés?
5. Quels sont les produits les plus importants de la Normandie?
6. Quelle est la différence entre un coquillage et un crustacé?
7. Comment dit-on en français, "Fresh-water fish"?
8. Qu'est-ce qu'une coopérative?
9. Pourquoi est-ce qu'on appelle une partie de la Normandie "La Suisse normande"?
10. Nommez quelques coquillages et quelques crustacés.

Canard à la rouennaise

Préparation: 45 minutes
Cuisson: 35 minutes
Ingrédients: 1 canard

150 g de foies de volailles	1 cl de cognac
150 g de lard	20 g de farine
125 g de beurre	1 dl de vin rouge
20 g d'échalotes	1 dl de bouillon
100 g de mie de pain	thym, persil et laurier

Méthode:

1. Tuer le canard sans perdre de sang. Plumer et vider.
2. Préparer la farce suivante: hacher le lard, le persil et 100 g de foies de volailles ou de canard (réserver le foie du canard pour faire la sauce). Tremper la mie de pain dans du lait. Hacher 10 g d'échalotes. Mélanger le tout et ajouter le cognac et l'assaisonnement.
3. Farcir le canard et mettre à rôtir pendant 20 minutes.
4. Détacher les cuisses et les remettre au four.
5. Couper les ailes.
6. Détacher la chair du canard et des cuisses (maintenant cuites) en aiguillettes et disposer sur un plat avec les ailes et la farce.
7. Tenir au chaud.
8. Préparer la sauce suivante: faire un roux brun en utilisant 40 g de beurre et ajouter les 10 g d'échalotes hachées qui restent. Mouiller avec le bouillon et le vin. Assaisonner et ajouter le thym et le laurier. Faire réduire. Piler la carcasse du canard et incorporer le jus à la sauce. Piler le foie du canard et l'ajouter. Passer au chinois.

9. Juste avant le service, chauffer le beurre à feu doux et ajouter la sauce. Quand la sauce est liée, verser sur les morceaux du canard et servir.

Advertisements

1. *Réfrigérateur à compresseur hermétique*

Carrosserie en tôle d'acier laquée blanc. Dessus à revêtement stratifié gris clair. Cuve intérieure matière plastique blanche inaltérable et d'entretien extrêmement facile. Chambre de congélation dite "freezer" à la partie supérieure permettant d'obtenir rapidement des cubes de glace et donnant la possibilité de frapper une bouteille et de glacer une crème. Trois clayettes amovibles et réglables en hauteur, deux métalliques et une en verre. Contre-porte plastique blanche comportant un compartiment à oeufs et trois logements avec balconnets or. Eclairage intérieur s'allumant à l'ouverture de la porte. Fonctionnement commandé par un thermostat assurant automatiquement le froid désiré.

2. *Nouvelles cuisinières en tôle d'acier émaillée blanc*

Dessus mobile, forme cuvette, et tiroir de propreté. Grand four électrique mobile, intérieur émaillé avec voûte de 1 800 W et sole de 1 600 W fonctionnant ensemble ou séparément. Equipé d'un thermostat assurant le maintien automatique de la température désirée, d'une porte avec hublot, d'un éclairage intérieur.

Modèle mixte à deux brûleurs réglés gaz ville, flamme pilote, une plaque électrique à chauffage rapide de 1 800 W. Equipé avec four décrit ci-dessus.

(Reproduced by kind permission of Manufrance.)

Oyster culture

France is a great producer of oysters. The Atlantic coast is the best known for oyster-beds, but they are also found on the Channel coast. Arcachon, near Bordeaux, in particular, is famous for the quality of its oysters, as are Dives and Saint-Vaast-la-Hougue in Normandy.

As you already know, one cannot eat oysters throughout the whole year, but only when the name of the month contains the letter "r". This is because the other months are months of reproduction. When the young oysters are released by the mother, they are very delicate and are liable to be eaten by large fish and by crabs. They float about in the water at first and then sink to the bottom of the oyster-bed where they attach themselves to tiles and slates put there as collectors.

When they are sufficiently developed, they are scraped off the collectors, put into wooden cages and left in a clearing-pool, where they continue to grow. The clearing-pool is always situated near a source of fresh water.

With all shellfish one must take precautions against poisoning, and in consequence, the oysters are subjected to a strict sanitary control before they are packed and dispatched.

Principes culinaires

La cuisson à l'eau est, bien entendu, le mode de cuisson le plus simple. Il faut, cependant, même dans ce procédé de cuisson, réfléchir un peu avant de commencer à cuire. Il s'agit, comme dans tous les principes culinaires, de bon sens.

Si l'eau est bouillante, l'aliment qui est immergé subira

immédiatement une coagulation de la surface. Cette coagulation ne permettra pas à la saveur de l'aliment de passer
dans le liquide. On emploiera donc cette méthode pour
cuire des aliments dont on veut garder le goût. On ne
veut pas, par exemple, laisser passer dans l'eau le goût
des haricots verts, et on les cuira donc à l'eau bouillante
(salée, cela va de soi). Même à l'eau bouillante on perdra
un peu de la sapidité d'un aliment; si l'on veut la conserver
au maximum, on cuira l'aliment à la vapeur, méthode
qui empêche tout contact entre l'eau et l'aliment.

Parfois, on veut favoriser au maximum l'échange entre
l'aliment et l'eau, par exemple, dans la préparation d'un
bouillon ou d'un potage. On mettra l'aliment, coupé en
petits morceaux (on agrandit de cette façon la surface de
l'aliment), dans de l'eau froide salée que l'on portera lentement à l'ébullition. De cette façon on aura un jus très
savoureux.

Pourtant, on ne veut pas toujours transmettre la sapidité
d'un aliment à l'eau. Parfois on veut faire passer le goût
d'un liquide à l'objet solide, surtout si ce dernier est quelque
peu fade. Voilà pourquoi on prépare des courts-bouillons
pour la cuisson des poissons, surtout celle des poissons d'eau
douce. Et là encore il faut se servir de son sens commun.
Si on ne prépare pas son court-bouillon à l'avance, l'aliment
mis dans un court-bouillon dont la sapidité n'est pas encore
établie cuira avant de prendre le goût du liquide et restera,
par conséquent, fade et sans goût.

Brillat-Savarin

Jean-Anthelme Brillat-Savarin est né à Belley, ville non loin de Lyon et de Genève, dans le département de l'Ain. Il est né le 1er avril 1755, c'est-à-dire trente-quatre ans avant la révolution française, et il est mort le 2 février 1826 à l'âge de presque soixante et onze ans.

Il fut député aux états généraux en 1789 et après il fut élu juge au tribunal de cassation, puis maire de Belley en 1793. Les fortunes de la révolution française étaient telles que Brillat-Savarin dut fuir la France pour la Suisse et ensuite pour l'Amérique; mais il revint en France en 1796.

C'était donc un homme politique et non pas un cuisinier. On a de lui plusieurs écrits qui montrent ses intérêts politiques: *Vues et projets d'économie politique*, des fragments d'une *Théorie judiciaire*, un *Essai historique et critique sur le duel, d'après notre législation et nos moeurs*, et un écrit sur l'archéologie de l'Ain qu'il a publié dans un journal érudit. Pourtant, c'est pour son oeuvre écrite pendant ses heures de loisir qu'il est le plus connu, *La Physiologie du goût*, publiée à Paris en 1825.

Ce traité est, pour ainsi dire, le code des gastronomes. C'est un livre qui vaut la peine d'être lu, surtout qu'il est plein d'anecdotes spirituelles, de règles pour la préparation de certains mets et d'aphorismes dont il convient d'apprendre quelques-uns. En voici trois:

Dis-moi ce que tu manges, je te dirai ce que tu es.

Les animaux se repaissent; les hommes mangent;
l'homme d'esprit seul sait manger.

La destinée des nations dépend de la manière dont
elles se nourrissent.

Plusieurs préparations culinaires doivent leur nom à ce gastronome: le Saumon Brillat-Savarin, l'Omelette Brillat-Savarin; il y a un gâteau qui s'appelle un savarin et une garniture Brillat-Savarin pour accompagner le gibier.

Genoese ratatouille

Preparation time: 25 minutes
Cooking time: about 1½ hours
Ingredients: 4 good-sized fennels   3 soupspoonfuls of oil
1 kg tomatoes   thyme, bay-leaf, basil
2 courgettes   salt, pepper
3 or 4 onions

Method:

1. Heat the oil in a saucepan. Add the thinly-sliced onions and allow them to colour slightly.
2. Wash the fennels and the tomatoes. Cut the tomatoes into pieces.
3. Wash and cut the courgettes into thin rings.
4. On the onions, put a layer of fennels cut into quarters, the tomatoes, then the courgettes.
5. Season with salt and pepper. Add the thyme, half a bay-leaf and a small handful of chopped basil.
6. Cover and leave to cook over a moderate heat.
7. After three-quarters of the cooking time, uncover to allow the juice to evaporate.
8. Take out the thyme and the bay-leaf.
9. Serve, sprinkled with fresh basil.

Advertisements of vacancies

Illustrated below are some advertisements of vacancies in hotel work. Often such advertisements appear in abbreviated form. Let us examine these abbreviations, starting

:

-3800 Interlaken
(11 080)

Hôtel 3° Hautes-Alpes cherche MAITRE D'HOTEL juillet-août de préférence professeur Ecole Hôtelière. Ecr. Jnal. N° 11696.

JEUNE CHEF demandé, place à l'année. Urgent, envoyer photo et C.V. HOTEL MODERNE COUTANCES 50. Bon salaire si capable. (11698)

POUR SECONDER DIRECTION Brasserie bord de mer, recherche JEUNE FEMME. Bonne présentation, libre, notions profession., photo et C.V. Ecr. Jnal. N° 11700.

DEMANDE SERVEUSES OU SERVEURS de métier et ménage (Valet F. de Chambre) de mai à fin septembre. Hôtel 2°. Bonnes références exigées. 1re lettre. Ecr. HOTEL ECU DE FRANCE 01 DIVONNE-LES-BAINS. (11702)

HOTEL 2° côte Normande 15/5-15/9 ch. CHEF CUISINE sob. 28 à 40 a. COMM. CUIS. FEM. de CHAM. Ecr. réf. prét. logé nourri âge photo au Jnal. N° 11704.

CHERCHE COMMIS DE CUISINE (15 avril au 15 octobre). Age 18 ans. Non courageux s'abstenir. Logé, nourri. Ecr. Jnal. N° 11706.

HOTEL ALPINA § SAVOY
3963 CRANS/SIERRE
1re catégorie Suisse romande

HOTEL 2° NN. dem. RECEPTIONNAIRE H. ou F. st. réf. se présenter après midi 11, rue Fromentin. PARIS 9e. (11638)

HOTEL MIRAMAR BIARRITZ 64
**** LUXE
recherche pour saison Mai à Oct.
— CONCIERGE DE NUIT qualifié
— RECEPTIONNAIRE Homme parlant anglais et si poss. esp.
— COMMIS DE RESTAURANT
— CHEFS DE PARTIE
Ecr. à la Direction avec références et photo. (11718)

HOTEL BYBLOS
SAINT-TROPEZ
recherche :
J. F. RECEPTIONNAIRE MAIN COURANTIERE qualifiée, sérieuses références exigées. Pour saison du 20 avril au 30 sept. Envoyer C.V. et photo. HOTEL BYBLOS 83-SAINT-TROPEZ. (11720)

HOTEL 2° NN. rech. JNE CUIS. PATIS. ou très BON COMMIS 20 Mars 15 Nov. Réf. exig. nourri, logé, blanchi. HOTEL DE LA HAUTE BORDE RILLY/LOIRE 41-ONZAIN Tél. 79.88.09. (11722)

ARCHE DE NOE PORQUEROLLES VAR demande FEMMES DE CHAMBRE, SERVEUSES, COMMIS DE CUISINE, PLONGEUR sachant conduire. Ecr. ou tél. 66.30.74. (11724)

BUFFET DE LA GARE DE METZ. Tél.: 68.53.10, cherche CUISINIERS CHEFS DE PARTIE GARDE MANGER POISSONNIER, etc. Bonnes références exigées. Place stable à l'année. (11726)

with the top one in the first *complete* column and working
down to the fifth, then moving to the next column.

3*:	trois étoiles
écr. jnal.:	écrire au journal
C.V.:	curriculum vitae
F.:	femme
ch.:	cherche
sob.:	sobre
a.:	ans
comm. cuis.:	commis de cuisine
fem. de cham.:	femme de chambre
réf.:	références
prét.:	prétentions
NN.:	nouvelles normes
dem.:	demande
H. ou F.:	homme ou femme
st.:	stable
9ᵉ:	neuvième
si poss. esp.:	si possible espagnol
J.F.:	jeune fille (femme)
rech.:	recherche
jne:	jeune
cuis.:	cuisinier
pâtis.:	pâtissier
exig.:	exigées
tél.:	téléphoner

Some of the meanings of these advertisements may still
cause concern. Let us now look at each advertisement in
turn:

1. 3*, a three-star hotel; maître d'hôtel, head waiter; écr.
   jnal., write to the newspaper box number.
2. C.V., a short statement of age, education, experience
   etc.
3. bonne présentation, good appearance; libre, free of
   other ties; notions professionnelles, some idea of what
   the job entails.

4. de métier et de ménage, professional and domestic; exigées, essential; 1ère lettre, write in the first instance.

5. ch., requires; sob., abstemious, temperate; commis de cuisine, kitchen assistant; fem. de chambre, chamber maid; prét., salary (conditions) expected; logé, nourri, live in (board and lodge).

6. NN., refers to a reclassification of hotels; demande, requires; stable, reliable (see the same word used below with a different meaning); se présenter, apply in person; Paris 9e, Paris is divided into 20 *arrondissements* or districts.

7. concierge de nuit, night porter; commis de restaurant, assistant waiter; chef de partie, section head; écr. à la direction, write to the manager.

8. réceptionnaire main-courantière, receptionist who is able to keep the day-book (tabular ledger).

9. rech., requires; jne cuis. pâtis., young pastry-cook; blanchi, laundry included.

10. plongeur, washer-up; sachant conduire, able to drive.

11. garde-manger, larder; poissonnier, fish chef; place stable à l'année, permanent position subject to annual review.

Correspondence

Writing letters in French is quite a complicated affair requiring the sender to consider the recipient's status and age as compared with his own. It is therefore proposed to deal only with those letters concerning the booking of accommodation. The following points should be noted.

1. The date will appear in the place usual in English. The article will be used and the month should be written with a small letter: le 14 juillet 1979.

2. The equivalent of "Dear Sir", "Dear Madame" etc. is "Monsieur", "Madame", "Mademoiselle". On no

account should the word "Cher" be used in a business letter.

3. There is no word-for-word equivalent of "Yours faithfully". The endings in French are a good deal longer and are used to show the nuances in status mentioned above. Probably the most usual and the "safest" endings to use are as follows:
"Je vous prie d'agréer, Monsieur, l'expression de mes sentiments distingués", and "Je vous prie d'agréer, Monsieur, mes salutations les plus distinguées".

Notes

If the body of the letter has used "nous" on behalf of the firm etc., the above would be changed to:
"Nous vous prions, Monsieur, d'agréer l'expression de nos sentiments distingués". ("d'agréer" may be put in either position.)

An alternative form would be:
"Veuillez agréer, Monsieur, l'expression de nos sentiments distingués".

A man writing to a woman would normally use the words "hommage" and "respectueux":
"Veuillez agréer, Madame, mes hommages les plus respectueux".

A woman writing to a man would use the ending given first in this section, and she might vary it to:
"Je vous prie, Monsieur, d'agréer l'expression de mes sentiments les meilleurs".

A woman writing to a woman would use the endings used by men, changing, of course, the "Monsieur" to "Madame" or "Mademoiselle".

4. *The envelope*

One should not abbreviate the titles "Monsieur", "Madame" and "Mademoiselle" on the envelope. If the envelope is to be addressed to a couple, then one writes "Monsieur et Madame" not "Madame et Monsieur".

5. The body of a letter cannot be taught satisfactorily except by setting a number of letters to translate. However, there are certain phrases that are useful and worthy of note:

Useful phrases

J'ai l'honneur de + infinitive — I beg to . . . .

Nous accusons réception de votre lettre — We acknowledge receipt of your letter.

Nous avons bien reçu votre lettre du . . . — We have received your letter of . . . .

du huit courant — of the 8th instant.

du huit dernier — of the 8th ult.

ci-joint veuillez trouver — herewith please find.

en réponse à — in reply to.

auriez-vous l'obligeance de . . . — would you be so good as to . . . .

en attendant le plaisir de vous recevoir — awaiting the pleasure of welcoming you.

en attendant le plaisir de vous revoir — awaiting the pleasure of meeting you once again.

nous vous serions obligés de bien vouloir . . . — we should be much obliged if you would . . . .

comme suite à . . . — further to . . . .

nous vous remercions de votre lettre . . . — we thank you for your letter . . . .

6. The following letter may be usefully translated. You will also find it beneficial to vary this letter several times for further practice.

Address
Date

Dear Sir,

We are in receipt of your letter of 1st June and are pleased to learn that a friend of yours has recommended our hotel to you.

We can offer you a single room for a fortnight from 1st July to 14th July. It has its own bathroom and toilet and is on the second floor at the rear of the hotel where there is no traffic at all.

It is perfectly in order for you to take lunch elsewhere than in the hotel. The breakfast will be French, of course.

Herewith please find a brochure of our hotel with our prices. The reduction for lunches not taken in the hotel is shown in the brochure.

We look forward to your stay with us and would ask you to confirm your booking as soon as possible.

Yours faithfully,

Où pêcher . . . ?

Commençons donc par une histoire de pêche. C'était l'été dernier, au bord du Rhône. J'aime le Rhône, et j'ai le bonheur d'avoir un fils qui pêche avec moi. Aux dernières vacances, j'avais commencé à lui apprendre la pêche au lancer. Un matin, deux ou trois jours après ses débuts, Pierre m'appelle à son aide: cabré sur le dernier rocher de la digue, son moulinet à bout de fil, l'innocent aux mains pleines "en tenait un gros" et avait oublié son épuisette. Ce fut un beau combat, incertain jusqu'au bout. C'était une truite, une énorme "arc-en-ciel", soyeuse, musclée, une bête de grandes eaux. La truite de Pierre, sa première truite, faisait 1,6 kg. Ce sont, comprenez-vous, des choses qui se fêtent. Des amis sont venus et nous avons fait cuire la truite à petit feu, en l'honorant de notre meilleur vin blanc et d'un bouquet garni de toutes herbes de la colline. Désastre! A la première bouchée, ce ne fut qu'une même grimace sur tous les visages. La belle chair rose de notre saumonée "avait un goût": subtil et tenace, ignoble, c'était celui du mazout. Nous avons fini le repas avec une boîte de thon.

Telle est l'histoire de la première truite de mon fils. Il serait peu de dire que j'en ai été malade: ce fut une blessure. Les pêcheurs me comprendront, c'est assez. Nous sommes cinq millions de pêcheurs en France. Nous sommes le plus grand parti, le plus grand syndicat, le plus grand lobby du pays. Nous sommes les Français. Nous sommes le mineur du Nord au repos, ses lignes de fond tendues sur le miroir immobile du canal, et le berger béarnais sautant sur les cailloux du gave, sa canne à mouche au poing. Nous sommes le retraité à pliant et chapeau de paille des bords

de Loire, et le banlieusard en gilet de corps de la Marne
avec son casse-croûte au frais dans sa "plate". Et nous
sommes le cadre surmené en cuissards et casquette anglaise
qui s'oxygène entre deux trains bleus au fond d'un torrent
alpin. Nous avons chacun nos coins, nos coups, nos trucs.
Mais nous déclarons, chaque dimanche, la paix au monde
entier.

J'aimais le Rhône. Le Rhône est en train de devenir
une sorte de Ruhr, un égout. Et, pour toute une population,
ce qu'on est en train de tuer, là-bas et ailleurs, sous prétexte
de progrès, ce n'est pas seulement un "sport" ou une "dis-
traction": c'est toute une façon d'être au monde. J'aimais
le Rhône, et le seul héritage que j'espérais transmettre à
mon fils était cet amour-là. Que lui dirai-je, à ce fils,
s'il entre demain dans le camp des révoltés? Que lui répon-
drai-je s'il me demande ce que valent cette société, son
"progrès" et ses loisirs, si c'est pour y pêcher de la truite
au mazout? Qu' "on ne fait pas d'omelette sans casser des
oeufs"? Et qu'en termes de produit national brut comparé
l'omelette n'a jamais été aussi belle? D'accord. Mais si elle
est immangeable?

Six millions de tonnes d'ordures, soit le chargement de
dix mille trains de marchandises: voilà ce que reçoivent,
chaque année, les fleuves et rivières de France. Et voilà
ce que ne disent pas les charmantes affiches de nos bureaux
de tourisme: la moitié de nos cours d'eau — aux dires
très officiels des experts du Laboratoire d'hydrobiologie —
sont déjà atteints de "pollution grave". Et ce n'est qu'un
début, car la France, comme chacun le sait, n'est qu'un
pays agricole en cours d'industrialisation. Sur les 175 milliards de mètres cubes d'eau qui représentent le débit total
annuel de son réseau hydrographique, notre pays en con-
somme actuellement 40 milliards. Au standard de la vie
américaine — c'est-à-dire demain — nous en consommer-
ions 150 milliards, soit la quasi-totalité de nos ressources.
Chiffres fous. Mais qui songe à les arrêter? Autant que
l'industrialisation, l'urbanisation — cet autre phénomène

du siècle — est la grande mamelle de la pollution. Il faut 200 tonnes d'eau pour une tonne d'acier, 500 pour une tonne de papier, et 600 pour une tonne d'engrais azoté. Et l'eau qui n'a pas été consommée est polluée par les produits que la chimie invente tous les jours et qui finissent à la rivière où ils sont absorbés par le phytoplancton, qui est absorbé par le zooplancton, qui est absorbé par le poisson, qui est absorbé par l'homme, et nul ne peut déterminer à l'avance ce que seront les effets de concentration qui mettent parfois quinze ans à se manifester. A quoi il faut ajouter les énormes quantités d'eau désoxygénée et dévitalisée par les échangeurs thermiques des centrales. Et les effets, pratiquement incontrôlables, de la pollution de l'eau par les fumées industrielles en suspension dans l'air, à travers lesquelles tombe la pluie. Pourtant — et bien qu'on y pense beaucoup moins — la responsabilité des villes est aussi importante que celle des industries dans le grand massacre de l'eau : il faut 10 mille litres d'eau pour décomposer naturellement les déchets produits par un homme en un jour. Et les seuls égouts de Paris rejettent chaque jour 3 millions et demi de mètres cubes de déchets, soit la moitié du débit moyen de la Seine. L'agriculture elle-même a cessé d'être innocente : par la généralisation des adductions d'eau et du tout-à-l'égout, l'emploi des pesticides chimiques, l'arrosage mécanique et l'assèchement des marais, l'agriculture d'aujourd'hui s'inscrit pour 20%, estime-t-on, dans la pollution générale des eaux.

La France pourrait être un "paradis pour la pêche". Car, contrairement à ce qui se passe avec le gibier, la quantité du poisson capturé à la ligne est insignifiante par rapport à l'importance de la faune. Il faut, au contraire, maintenir un prélèvement constant, faute de quoi s'instaure une surpopulation de certaines espèces qui déséquilibre la vie aquatique. C'est ainsi que la pêche professionnelle au filet, si impopulaire chez les pêcheurs à la ligne, doit être encouragée. Et qu'il faut multiplier, par l'élevage et l'alevinage, le nombre des carnivores : brochet, sandre, black-bass, afin de faire équilibre au foisonnement du poisson-fourrage. Car, en dépit d'une impression de plus en plus répandue chez les pêcheurs, le poisson ne manque pas: gavé d'immondices, privé d'oxygène, maladif, il mord moins bien: et celui qui mord est souvent inconsommable.

La pollution, lèpre du siècle. Envahissante, difficile à déceler, mal connue dans ses effets, impossible à juguler — quel que soit le "paquet" qu'on y mette, et cela, il faudrait avoir le courage de le dire une bonne fois — c'est toujours à elle qu'on revient. Il est faux que la pollution soit l'inévitable "rançon du progrès": ou alors, que vaut le progrès? Le progrès n'est pas la défense du passé. Que le D.d.t. ait sauvé, en son temps, des millions de vies humaines, c'est sûr. Mais cela prouve quoi, veut dire quoi? Que nous devrions, sous ce prétexte, accepter d'être empoisonnés demain par un super D.d.t.? Le progrès, le seul qui mérite ce nom, le seul qui puisse sauver un monde beaucoup plus gravement gangrené encore qu'il ne l'imagine, c'est la découverte. C'est une chimie et une technologie — c'est-à-dire, finalement, une politique — intransigeantes, qui remplaceraient ce qui tue lentement par ce qui laisse vivre longtemps. Une chimie et une technologie enfin "propres", qui s'interdiront — quels que puissent en être les profits ou, même, les bienfaits immédiats — tout ce qui porte atteinte à la nature.

C'est dans l'eau que toute vie a commencé. C'est par l'eau que toute vie finira. Le poisson, le nénuphar, la rivière, ne sont que la ligne de défense avancée de l'homme. Il ne s'agit pas seulement de la joie de nos matins et de la paix de nos soirs au bord de l'eau — ce qui serait déjà beaucoup. Il s'agit d'une question que l'homme — pêcheur ou pas — va devoir se poser à lui-même, et très bientôt: il s'agit de savoir quelle société nous voulons.

(Reproduced by kind permission of M. Georges Menant.)

Exercises

1. The following menu items have been incorrectly written. Rewrite each item as it should appear on the menu card.
   - a. canapés dianes
   - b. consommé célestine
   - c. omelette au champignon
   - d. petits pois breton
   - e. SUPREME DE BARBUE FLORENTINE
   - f. sauce bechamel
   - g. veau a la marengo
   - h. thon au Court Bouillon
   - i. rognon sauter au Champignon
   - j. salade Russe
2. Replace the word in brackets with the correct adjective:
   - a. Moules à la   (Bordeaux)
   - b. Croûtes à la   (Normandie)
   - c. Carré d'agneau à la   (Portugal)
   - d. Poularde à l'   (Allemagne)
   - e. Velouté de volaille à l'   (Ecosse)
   - f. Suprêmes de volaille à l'   (Amérique)
   - g. Sole à la   (Provence)
   - h. Lapereau bouilli à l'   (Angleterre)
   - i. Huîtres à la   (Pologne)
   - j. Haricots rouges à la   (Bourgogne)
3. Say what the main ingredients are in the above menu items.
4. Translate the following sentences into English.
   - a. Disposer sur un plat tous les morceaux de canard et la farce.
   - b. L'agriculture normande peut être considérée comme une des meilleures de France.
   - c. Notre nouvelle cuisinière a un intérieur émaillé avec une voûte de 1 800 watts.
   - d. Brillat-Savarin était homme politique et non cuisinier.

    e. La chair de notre truite saumonée avait un goût
       tenace.

5. Translate into French.

    a. The most well-known area in France for the oyster
       industry is the Atlantic coast.

    b. Herewith please find a brochure of our hotel with
       a list of our prices and a few details of the town.

    c. We require a head-waiter for the summer season;
       he should apply personally to the manager.

    d. It is false to state that pollution is the inevitable
       price to pay for progress.

    e. Cover and leave to simmer over a moderate heat.

SECTION B

Le Val de Loire

Le Val de Loire est très connu pour ses châteaux et la région reçoit chaque année beaucoup de touristes étrangers. Mais cette région est aussi célèbre pour ses plaisirs gastronomiques. Orléans, par exemple, est la ville du vinaigre, Tours est la ville des rillettes, et Vouvray est connu pour son excellent vin.

Quand on suit la Loire depuis Orléans jusqu'à l'Anjou, on voit une agriculture variée. Partout, il y a des vignobles, des vergers où les arbres fruitiers sont cultivés en espalier et beaucoup de terre est consacrée à la production des légumes.

Regardons un peu un menu typique de la région. Pour hors-d'oeuvre, avec lesquels nous allons boire un bon vouvray, nous pouvons choisir entre des rillettes de Tours, du boudin blanc, qui est bourré de viande de poulet et non de mie de pain, et des cèpes à la tourangelle. Les poissons d'eau douce ne manquent pas. Accompagné d'un monlouis ou d'un vin d'Anjou, nous pourrons prendre une alose à l'oseille, un brochet au beurre blanc, une carpe Chambord, une brême farcie ou, si cela vous tente, une superbe matelote d'anguille au vin vieux. Comme entrée, moi, je prendrai bien une escalope à la crème, mais vous, vous pouvez choisir un coq au vin du pays, ou un lapin à la solognote avec sa délicieuse sauce poivrade, si vous voulez. Et pour l'arroser? Un bourgueil ou un chinon, je pense. Nous avons vraiment l'embarras du choix avec les légumes: choux-verts au beurre, asperges de Candes, haricots verts à la tourangelle (cuits dans une sauce Béchamel avec de l'ail et du persil haché) ou, peut-être bien, des champignons farcis. La liste des fromages est infinie — le valençay, le

sancerre, le chavignol, le pouligny, l'olivet bleu ou un cré-
met d'Anjou, pour n'en citer que quelques-uns. Pour terminer, il y a un choix entre un fruit et un dessert. Prunes,
pruneaux, fraises, abricots, poires et pommes — tous des
produits de la région — et, parmi les desserts, un cotignac,
c'est-à-dire une gelée de coings, une pâtisserie, un chausson
à la marmelade. Et pendant que nous sommes dans la
région, il faut changer de vin encore une fois et accompagner notre dessert d'un bon vin doux de Saumur ou
des Coteaux du Layon.

Voilà, le Val de Loire est bien riche en châteaux, en
paysage et en gastronomie. Partout on peut déguster les
vins de la région dans des caves creusées dans la craie.
Et il ne faut pas quitter Angers sans visiter la maison Cointreau, connue aux quatre coins du monde pour toute la
gamme de ses liqueurs, le cointreau proprement dit,
mélange d'eaux-de-vie et d'oranges, l'eau-de-vie aux cerises,
aux mûres, aux framboises, aux abricots etc., et pour ses
fruits à l'eau-de-vie, cerises, reines-Claude et surtout son
"Véritable Guignolet d'Angers", mélange de quatre espèces
de cerise macérées à l'eau-de-vie.

Questions

1. Pourquoi le Val de Loire est-il si célèbre?
2. Quel est le contraire d'un vin doux?
3. A quoi sert le vinaigre?
4. Que sont les rillettes?
5. Expliquez ce que c'est que des arbres fruitiers "cultivés
   en espalier".
6. Qu'est-ce qu'un cotignac?
7. Quel est le premier sens de "chausson"?
8. Quel est le sens culinaire de ce mot?
9. Quelle est l'importance des caves creusées dans la craie?
10. Donnez le nom de quelques produits de la maison Coin-
    treau.

Anguille à la matelote

Préparation: 40 minutes
Cuisson: 90 minutes
Ingrédients: 1 kg d'anguilles   60 g de beurre
125 g de lard de poitrine   40 g de farine
2 dl de vin rouge   croûtons
2 dl de bouillon   bouquet garni
60 g d'oignons   sel, poivre
125 g de champignons

Méthode:

1. Hacher les oignons et couper le lard en dés.
2. Les faire revenir dans la moitié du beurre. Les laisser dorer puis les sortir de la casserole.
3. Faire un roux brun avec la farine, le vin rouge et le bouillon.
4. Nettoyer et laver les champignons. Les ajouter à la sauce avec le bouquet garni, le sel et le poivre.
5. Laisser mijoter pendant 30 minutes.
6. Dépouiller l'anguille et la couper en tronçons. Faire cuire pendant 45 minutes.
7. Faire frire les croûtons dans le reste du beurre et les disposer sur le plat.
8. Mettre les tronçons d'anguille sur les croûtons et napper de la sauce.

Advertisements

1. Batterie de cuisine aluminium pur extra-fort

Extérieur polissage fin. Queues et anses isolantes en bakélite rouge crantée.

Composition: 1 série de 5 casseroles de 12 à 20 cm; 2 couvercles universels, l'un pour ustensiles de 12-14-16 cm, l'autre pour ustensiles de 16-18-20 cm. 1 marmite haute de 22 cm; 1 plat rond de 18 cm anses aluminium; 1 plat ovale de 32 cm anses aluminium; 1 poêle à frire, diamètre 20 cm avec fond alvéolé; 1 passoire à pieds renforcés, diamètre 20 cm, anses aluminium; 1 écumoire; 1 cuiller à pot. Poids emballé 5 kg 800.

2. Superbe batterie de cuisine en aluminium pur super-renforcé

Queues, anses et boutons démontables et interchangeables en bakélite noire isolante; s'harmonise à merveille avec les cuisines modernes; formes fonctionnelles; bords verseurs anti-gouttes; fonds arrondis faciles à nettoyer.

Composition: 1 série de 5 casseroles de 12 à 20 cm, à queues crantées; un faitout de 24 cm; 1 marmite; 1 jeu de cuiller à pot et écumoire.

3. Panoplie de cuisine comprenant:

1 couteau de cuisine lame pointue, 9 cm; 1 couteau à pain, lame de 19 cm convenant également pour gâteaux etc.

1 grand couteau à découper à dents, lame de 17 cm, pour viandes etc.

1 fourchette de cuisine fourchon, 16 cm. 1 fort couteau à huîtres.

1 couteau à éplucher à 2 tranchants, lame de 5,5 cm.

Les lames et la fourchette sont en acier inoxydable et montées sur manches en matière plastique rouge incassable, supportant l'eau bouillante. Livrée en belle boîte écrin avec couvercle transparent.

(Reproduced by kind permission of Manufrance.)

Truffles

These days truffles are a very expensive commodity. They are expensive because they are difficult to find and people do not like to tell where they grow. For this reason they are imported from countries like Spain, but, of course, the French gourmet insists that such truffles are not as good as the French ones. For this reason also, truffles are often replaced by flap-mushrooms.

A truffle is a species of mushroom that grows underground. It is round in shape and black in colour. The best known ways of uncovering mushrooms are to use either a pig (usually a sow) or a dog. Sows like to eat truffles: one turns them away at the last moment by offering chocolate, which they prefer. On the other hand, dogs must be trained to uncover them. A truffle is buried under the ground and the dog is rewarded with a lump of sugar or a piece of chocolate when he unearths the truffle. A third method exists, though I am not sure whether it is a fairy-story: in the summer a small brown fly hovers over the centre of a truffle; a seed of corn is planted and in autumn a shoot of corn marks the spot where the truffle is.

It is well known that truffles grow among the sick roots of trees, especially of oak trees. I have heard it said that it was once noticed that where a bulldozer had damaged the roots of some oak trees truffles grew abundantly. This has led to the deliberate damaging of the roots of oak trees in order to increase the supply of truffles.

Principes culinaires

Nous avons vu le rôle du bon sens dans la cuisson à l'eau;
il joue aussi un rôle fondamental dans la cuisson à la graisse
— ce qui s'appelle aussi "la friture".

Les graisses employées sont le saindoux, la graisse de
veau ou de boeuf, ou un mélange des trois. Aujourd'hui,
nous nous méfions quelque peu des graisses d'origine ani-
male et, par conséquent, la friture se fait plutôt à la graisse
d'origine végétale. Parmi ces huiles, on emploie l'huile
d'arachide, l'huile d'olive, l'huile de tournesol et l'huile
d'oeillette.

La graisse ou l'huile doit atteindre une température élevée — et c'est là que le cuisinier doit se servir de son
bon sens. Si l'aliment à frire était tros gros, la température
de la graisse s'abaisserait et la friture n'aurait pas lieu.
Si, par contre, l'aliment est coupé en morceaux de trop
petite taille, et si la graisse est trop chaude, l'aliment sera
entièrement carbonisé. Il faut donc prendre soin que les
aliments soient d'assez petite taille et pas trop nombreux
pour ne pas refroidir la graisse, et aussi surveiller la cuisson
de près pour que les aliments soient cuits à l'intérieur sans
être trop cuits à l'extérieur.

Puisqu'on ne peut frire que des aliments qui contiennent
de l'amidon, comme, par exemple, les pommes de terre,
on enrobe les aliments qui en sont dépourvus, dans de
la farine ou de la pâte à frire.

Il faut aussi faire attention à ce que l'aliment soit séché.
Employons notre bon sens pour en voir la raison. La température de la graisse a été élevée jusqu'à 200 degrés centigrade environ; l'eau commence à bouillir à 100 degrés.
Si vous mettiez un aliment mouillé dans de la graisse très
chaude, il y aurait une ébullition subite et une vaporisation
de l'eau qui pourraient avoir des suites dangereuses.

Escoffier

Parmi les grands Français qui ont été honorés de la Légion d'Honneur pour leurs services à la France est le cuisinier Auguste Escoffier. Il est né à Villeneuve-Loubet dans les Alpes-Maritimes, mais il a passé une partie de sa carrière en Angleterre au Savoy Hotel et au Carlton Hotel.

Il est mort en 1935 à l'âge de 89 ans, et, puisqu'il a commencé sa carrière à l'âge de 12 ans, il a passé 74 ans de sa vie à pratiquer la cuisine française.

On se sert toujours de son *Guide culinaire* qui a été traduit en anglais et qui fait autorité pour les grands chefs de France et d'Angleterre. L'empereur Guillaume II a appelé Escoffier "L'Empereur des cuisiniers".

Ce maître queux a inventé plusieurs plats, comme, par exemple, les paupiettes de sole froides qui ont pris son nom; mais il a aussi dédié d'autres plats à des gens célèbres qui mangeaient dans les hôtels où il travaillait. C'est ainsi que nous avons la pêche Melba, qui est dédiée à la soprano australienne Nellie Melba (qui elle-même a pris le nom de Melba en souvenir de Melbourne), et les fraises Sarah-Bernhardt, plat dédié à la grande tragédienne française, morte en 1923.

Sole and potatoes

Preparation time: 8 minutes
Cooking time: 20 minutes
Ingredients: 1 sole large enough   chopped mixed herbs
for two people   juice of 1 lemon
800 g of potatoes   breadcrumbs
60 g of butter   salt, pepper

Method:

1. Wash and clean out the sole. Remove the skin from the back (the grey skin). To do this, make an incision at the tail; with the point of the knife, raise the skin, grasp it with a cloth and pull towards you as you keep hold of the tail.
2. Peel the potatoes and cut into thin slices.
3. Butter an oven dish.
4. Arrange a layer of potato slices in the dish. Season.
5. Place the sole on the potatoes. Sprinkle with lemon juice and season.
6. Cover with another layer of potatoes.
7. Season and sprinkle with breadcrumbs.
8. Cover with small pieces of butter.
9. Put into a hot oven and leave to cook for 20 minutes.

L'Abbaye de Fontevrault

Une cuisine unique

Si vous êtes las de voir des cuisines modernes avec leurs rangées de fourneaux aux hottes brillantes, vous pouvez toujours rendre visite à un vieux château ou à un vieil hôtel pour voir une cuisine à l'ancienne mode. Mais ce n'est qu'à Fontevrault-l'Abbaye que vous pouvez visiter une cuisine qui date de l'époque romane.

Fontevrault-l'Abbaye n'est pas loin de Saumur et l'abbaye vaut bien une visite de tout Anglais qui aime connaître l'histoire de l'Angleterre. Vous pouvez y voir les tombeaux d'Henri II, d'Eléonore d'Aquitaine, de leur fils Richard Coeur de Lion et d'Isabelle d'Angoulême, sa belle-soeur.

L'abbaye fut fondée par Robert d'Arbrissel en 1098 et elle se distingue des autres établissements religieux en ce qu'elle est composée de cinq bâtiments distincts — une maison pour les femmes, une pour les hommes, une autre pour les filles repenties, une quatrième pour les lépreux et une dernière pour les malades. Voilà ce qui explique l'étrange cuisine que je vais vous décrire.

Comment décrire cette cuisine unique? D'abord ce n'est pas un bâtiment, c'est un édifice. Elle est séparée des autres bâtiments et ressemble à un petit château. A l'extérieur et en haut, on voit une tour centrale à la forme d'une pyramide à quatre faces. Cette pyramide est surmontée d'une sorte de poivrière et sa base est entourée de quatorze poivrières toutes semblables. En regardant de haut en bas on voit la forme changer en octogone pour revenir au plan carré. Autour de ce carré sont disposées cinq tours rondes, chacune surmontée d'une poivrière et percée de fenêtres. La pyramide centrale et les cinq tours sont couvertes de toits qui ressemblent à des ruches. A l'intérieur, on voit tout de suite la construction ingénieuse de la cuisine. Autour d'un cercle sont dispersés cinq foyers à bois qui sont les cinq tours vues à l'extérieur. Ce qu'on avait pris pour des poivrières sont en effet des cheminées qui laissent échapper d'une manière bien efficace les fumées et les odeurs des cinq foyers.

A vrai dire, la cuisine défie toute description et il faut la voir pour apprécier non seulement son mérite architectural mais aussi son efficacité technique.

Les escargots

Quand on voyage en France il faut vivre comme les Français et manger ce que mangent les Français. Essayez une douzaine d'escargots et vous ne le regretterez pas. La chair de l'escargot a été longtemps estimée en France (et parmi les anciens Romains qui les engraissaient exprès pour la table) et même en Angleterre on élève depuis quelque temps les escargots pour la table. En France ce sont les escargots de vigne qu'on mange surtout — et voilà pourquoi on voit les "Escargots à la bourguignonne" sur la carte des restaurants — mais aussi on utilise une espèce méridionale connue sous le nom de petit-gris, puisque l'escargot de vigne ne suffit pas aux demandes.

Il faut faire attention à ne pas s'empoisonner, car l'escargot peut avoir mangé une plante qui est toxique à l'homme. Faites donc jeûner les escargots pendant une semaine puis faites-les dégorger au vinaigre et au sel. Lavez-les soigneusement et faites-les cuire à l'eau salée pendant 30 minutes. Enlevez la partie noire de la queue. Lavez-les encore une fois, puis faites cuire au court-bouillon (au vin blanc) pendant deux heures. Préparez une farce avec 60 grammes de beurre malaxé avec de l'ail, des échalotes et du persil finement hachés (n'oubliez pas l'assaisonnement). Lavez avec soin les coquilles (utilisez du bicarbonate de soude). Mettez un peu de farce dans la coquille, remettez-y l'escargot et bouchez la coquille de farce. Posez les escargots sur un plat à escargots (une escargotière) et faites chauffer au four pendant 8 minutes. Pour manger les escargots on utilise des pinces à escargots pour tenir la coquille et une fourchette spéciale. C'est vraiment délicieux!

Evidemment, la meilleure période pour la dégustation des escargots est en hiver puisque l'escargot aura clos sa coquille pour passer l'hiver et n'aura pas mangé depuis quelque temps.

Le pain: un aliment de haute valeur

Même quand il est excellent, le pain est la victime de quelques idées fausses et de beaucoup de calomnies.

La crainte de grossir joue un grand rôle. Mal adaptés au règne de l'automobile qui favorise notre paresse corporelle, nous souffrons d'un surcroît de calories. Les recettes amaigrissantes sont légion et souvent contradictoires. Chacun s'institue son propre diététicien, alors que la diététique est une science difficile. "Pour maigrir, dit-on, mangez moins de pain", ou bien encore "supprimez les hydrocarbones", alors que leur suppression peut provoquer de graves accidents; on ne se demande pas un seul instant s'il est prudent de déséquilibrer brutalement un régime alimentaire, et si pour éviter un péril, on ne se précipite pas dans un autre plus grand encore. Avant de prendre des risques, mieux vaudrait écouter les médecins. Ils ne sont pas unanimes, et n'ont pas tous pour le pain une égale considération: la grande majorité souhaite un pain à la mie blanc-crème, bien cuit et léger. Ils s'accordent pourtant sur des points précis: moins de pain ou des pains spéciaux, disent-ils, pour les diabétiques, les obèses, ou les personnes affligées de colites spasmodiques. Mais pour le commun des mortels?

Le professeur Groën de l'université de Hadassah (Jérusalem) en liaison avec l'Institut du Coeur et l'Institut national de la Santé des Etats-Unis a publié, il y a moins d'un an, le résultat de recherches approfondies sur la consommation du pain. Titre de son mémoire: "La fonction jouée par le pain dans le régime alimentaire en tant que facteur préventif important de l'artériosclérose et des maladies coronaires". En étudiant des moines trappistes hollandais (végétariens), des Juifs yéménites et des bédouins du Neguev, trois groupes où les affections coronaires sont très rares, le professeur Groën s'est aperçu qu'ils avaient un point commun: une consommation élevée de pain, une absorption faible de matières grasses. "Il serait intéressant d'approfondir, conclut le professeur, l'hypothèse selon laquelle l'absorption de pain à haute dose peut jouer un rôle important dans la prévention des maladies coronaires cardiaques."

Il faut laisser au professeur Groën la responsabilité de ces théories; mais ce qui est sûr, c'est que le dossier médical du pain comporte de nombreux certificats de bonne conduite. Tous les grands spécialistes de la nutrition sont quasiment unanimes. La Société médicale des Hôpitaux de Paris et le Centre des Etudes et Recherches pour l'Alimentation et la Nutrition concluent une étude faite auprès de 61 personnalités médicales choisies pour leur compétence en nutrition et en gastro-entérologie par cette phrase: "Le médecin n'est pas un adversaire du pain qu'il considère comme un aliment de la plus haute valeur chez le sujet normal."

Il y a dans les observations de ces éminents spécialistes matière à réflexion. Bien des jugements péremptoires sur le pain qui fait grossir et les imprudences qui consistent à modifier brutalement l'équilibre de notre alimentation trouvent ici leur condamnation.

Ainsi s'explique aussi que du pain français traditionnel puisse être réclamé par les grandes capitales étrangères. Les étrangers qui voyagent en France sont sensibles aux qualités du bon pain français bien croustillant . . . .

Il a, malgré quelques variations de qualité, une vertu

unique: obtenu simplement à partir d'un mélange de farine, d'eau, de sel et de levure, il est, de tous les pains du monde, le plus savoureux, le plus naturel et le plus proche de celui de la Bible.

(Reproduced by kind permission of *Paris-Match*.)

Exercises

1. Rewrite these menu items as they should appear on the menu card, using capital letters only where essential.
    a. CHARLOTTE A LA CHANTILLY
    b. CREPINETTES CENDRILLON
    c. EPERLANS GRILLES ANGLAISE
    d. SOLE DUGLERE
    e. LIMANDE COLBERT
    f. TOMATES A LA ANTIBOISE
    g. BIFTECK HAMBOURGEOISE
    h. ASPERGES BLANC SAUCE MORNAY
    i. SPAGHETTI BOLOGNAISE
    j. VELOUTE DE CREVETTE A LA NOR-MANDE

2. Replace the word in brackets with the correct adjective:
    a. Bouillabaisse   (Marseille)
    b. Gratin   (Dauphiné)
    c. Meringues à l'   (Italie)
    d. Canard à la   (Rouen)
    e. Salade   (Nice)
    f. Oeufs à la   (Pays-Basque)
    g. Sauce   (Hollande)
    h. Bifteck à l'   (Alsace)
    i. Cèpes à la   (Bretagne)
    j. Escalopes à la   (Liége)

3. Say what the main ingredients are in the above two exercises.

4. Translate the following sentences into English.
    a. Partout on peut déguster les vins de la région dans des caves creusées dans la craie.

   b. Dépouiller l'anguille et la couper en tronçons.
   c. Les queues, anses et boutons sont démontables et interchangeables.
   d. La graisse doit atteindre une température élevée.
   e. Les recettes amaigrissantes sont souvent contradictoires.

5. Translate into French.
   a. Remove the grey skin from the back of the fish.
   b. This set of knives is delivered in a beautiful presentation case.
   c. Special breads should be provided for diabetics and other sick people.
   d. You must take care not to poison yourself.
   e. It is obvious that a dog has to be trained to unearth truffles.

SECTION C

Les Pyrénées

A l'ouest l'océan Atlantique, à l'est la mer Méditerranée, les Pyrénées limitent la France au sud et la séparent de l'Espagne. Dans cette chaîne de montagnes vivent des "Français" de différentes origines, de différentes moeurs, de différentes langues et de différentes cuisines. On y trouve les Basques, les Béarnais, les Catalans et les Gascons.

Les vins de cette région ne sont pas à négliger : le Roussillon produit des vins délicieux qui sont très riches en sucre, grâce à la chaleur à laquelle le raisin est exposé. Deux autres industries se sont associées à la production vinicole proprement dite : la production d'apéritifs, de liqueurs et de vermouths, et aussi la commercialisation assez récente du raisin de table. Les vins de Collioure, de Jurançon et le Rosé du Béarn sont aussi très connus. Les Basques ont aussi leur vin, l'Irouleguy, et deux liqueurs connues partout dans le monde, l'Izarra verte et l'Izarra jaune. Ces noms, pour nous bizarres, sont des noms de la langue basque qui n'a aucun rapport avec le français.

La région est très riche en spécialités culinaires. De la côte atlantique à la côte méditerranéenne, on peut déguster d'excellents foies gras — et attention, il faut faire la différence entre le foie gras et le pâté de foie gras, n'est-ce pas? Les ménagères gasconnes conservent dans la graisse de cuisson et la panne de porc (le saindoux) des volailles de toutes sortes, aussi bien que des morceaux de porc. Ces conserves s'appellent des "confits".

Grâce aux jardins maraîchers (surtout ceux du Roussillon) la garbure, dont il existe plusieurs variantes, est une spécialité de la région. Sur du pain coupé en tranches, on verse un bouillon de légumes de saison, de choux, d'herbes aromatiques, cuits avec du confit ou de la viande salée. Le cassoulet, ragoût de haricots blancs et de filets d'oie ou de canard avec du mouton et du porc, ou bien de la perdrix, ou de la saucisse, est vraiment délicieux.

Les Basques aiment une cuisine bien assaisonnée et pimentée, et elle n'est pas faite pour les estomacs débiles. La pipérade, par exemple, est une omelette aux piments et à la tomate. Mais nous ne parlerons plus de la cuisine basque, puisqu'elle a des noms bizarres — le ttoro, les loukinkas, le tripotcha — et si peu utiles à un étudiant de la langue française. N'oublions pourtant pas le délicieux jambon de Bayonne et la confiserie de cette même ville.

Au Béarn on mange très bien et la sauce béarnaise fait partie de la cuisine classique française. Que ce soit une simple soupe à l'oignon, à l'ail et à la tomate (le tourin) ou une simple soupe aux mauves, aux bettes, à l'oseille et à la chicorée (la cousinette), ou un civet d'isard (une chèvre sauvage), ou une truite du gave (un mot régional qui désigne un torrent), ou encore un fromage de lait de brebis, on est sûr de se régaler au Béarn.

On ne sera pas surpris que la cuisine catalane soit à base d'huile d'olive. Ici encore, comme au pays basque, les noms des plats sont un peu bizarres: la cargolade (des escargots grillés), la boullinade (une bouillabaisse), l'ouillade (une potée). Le perdreau à la catalane ressemble déjà un peu plus à la cuisine française traditionnelle, mais là encore, il faut faire attention: la garniture "à la catalane" consiste en fonds d'artichauts et en tomates, tandis que le perdreau à la catalane consiste en perdreau (bien entendu) et en oranges amères. Les Catalans sont aussi friands d'ortolans et d'étourneaux.

Questions

1. Où se trouvent les Pyrénées?
2. Pourquoi les vins du Roussillon sont-ils riches en sucre?

3. Quelles industries se sont associées à la production viticole de la région?
4. Est-ce que le Pays-Basque a son propre vin et ses propres liqueurs?
5. Qu'est-ce qu'un "confit"?
6. Que trouvez-vous dans un jardin maraîcher?
7. Comment est le jambon de Bayonne?
8. En quoi consiste la garniture "à la catalane"?
9. Donnez le nom de quelques gibiers à plumes.
10. On prend un apéritif avant le repas, que prend-on
    à la fin d'un repas?

La pipérade

Préparation: 25 minutes
Cuisson: 1 heure
Ingrédients: 3 tranches de jambon   6 oeufs
              1 kg de piments verts   50 g d'huile
              1 kg de tomates   5 g d'ail
              60 g d'oignons   sel

Méthode:

1. Laver les piments. Couper et enlever les pépins.
2. Peler à l'eau chaude les tomates. Les épépiner et les couper en morceaux.
3. Eplucher les oignons et les hacher.
4. Piler au mortier l'ail.
5. Chauffer l'huile. Faire revenir les piments, les oignons et les tomates.
6. Ajouter l'ail et le sel et faire cuire à feu doux.
7. Faire rissoler les tranches de jambon et les tenir au chaud.
8. Battre les oeufs dans une terrine.
9. Incorporer les oeufs battus aux légumes.
10. Cuire doucement. Vérifier l'assaisonnement.
11. Servir sur un plat chaud, garni des tranches de jambon.

Advertisements

1. Cuisinière rôtissoire à rayonnement infrarouge

Extérieur laqué blanc.
Dessus, intérieur, couvercle et porte amovibles chromés.

Four équipé d'une broche rotative pour volailles, rôtis, gigots etc., actionnée par un moteur électrique. Réglage de la cuisson par thermo-régulateur.

Lampe témoin indiquant que l'appareil est sous tension.

Plaque du dessus utilisable comme réchaud.

Puissance maximum 1 000 watts.

2. *Magnifique chauffe-plat électrique*

Métal chromé, poignées en matière plastique noire, rehaussée d'un filet métal. Puissance 300 watts. Longueur 38 cm, largeur 21 cm. Poids 4 kg. Conserve la chaleur accumulée pendant deux heures environ. Très pratique. Livré avec cordon.

3. *Véritable cafetière italienne en aluminium fondu*

Corps deux pièces se vissant l'une sur l'autre. Couvercle transparent.

Grille spéciale pour augmenter ou diminuer la quantité ou la concentration du café.

Bouton et poignée bakélite.

Contenance 6 tasses moka (1 tasse moka = la moitié d'une tasse française traditionnelle).

4. *Balance à curseurs. Une fabrication de haute qualité avec des moyens techniques ultra-modernes*

Balances de ménage en alliage léger moulé sous pression. Pratiquement incassable et inoxydable. Lavable.

Plateau rectangulaire mobile en matière plastique.

Fonctionne sans poids avec deux curseurs coulissant sur réglettes graduées, l'une pour les kilogrammes et l'autre pour les grammes. Mécanisme robuste et d'une grande précision.

D'un fonctionnement sûr, d'une fabrication très soignée et d'une très belle présentation.

(Reproduced by kind permission of Manufrance.)

Fatted goose liver

If you are squeamish you will wish neither to read this passage nor to translate it. Perhaps, though, your desire to know how to fatten a goose's liver will overcome your squeamishness. This is how they do it in the Pyrenees.

Poultry are force-fed on maize. Three times a day, a woman (who but a woman could do such a thing?), called a "force-feeder", seizes the goose by its neck, inserts a funnel into its gullet and pours the maize into it. She will often need to push the grain down the bird's throat with a rounded stick. After a few weeks, the goose cannot walk except with difficulty, and finally it refuses to stand up at all. The goose is then ready to be killed and its liver is ready for use.

The fatted livers of this region are delicious and compete favourably with those from other regions such as Périgord and Alsace. One must really sample them to see how different they are from the tins of "Pâté de foie gras" so often seen on supermarket shelves. They are infinitely superior.

Principes culinaires

Il y a trois méthodes de rôtissage; on peut employer un gril, une broche ou un four. La chose la plus importante dans ce mode de cuisson est de s'assurer que la température soit assez élevée pour "saisir" presque immédiatement la surface de la viande. Ceci est facile à voir avec le gril et avec la broche où l'on peut voir la source de chaleur. Quand il s'agit d'un four il faut se fier au thermostat, dont la plupart sont équipés. Au cas où le four ne sera pas équipé d'un thermostat, on se sert d'une méthode simple qui consiste à mettre un papier blanc au four et à observer le changement de couleur.

Comme pour la cuisson à l'eau, où l'on ne veut pas perdre les substances sapides dans le liquide, on s'assurera que les rayons du gril ou autre source de chaleur sont déjà à la température requise. On utilise le gril surtout pour les petites pièces et le four ou la broche pour les grosses pièces. Le gril est parfait pour les côtes, les côtelettes, les filets de poisson, et le four ou la broche pour les volailles, les gigots et les autres grosses pièces de viande. Bien entendu, la broche doit être tournée constamment, autrement une partie de la pièce à rôtir sera brûlée, tandis que le reste ne sera même pas cuit. Il faut aussi, et il en est de même avec le four, arroser le rôti très souvent avec la graisse écoulée en cours de cuisson.

On ne commencera pas à faire cuire au four à feu doux; il faut toujours faire coaguler la surface de la pièce à rôtir. Si l'on veut s'assurer qu'une grosse pièce soit cuite à l'intérieur, on baissera la température après que la croûte sera formée — de cette façon on est sûr de ne pas laisser échapper les principes sapides de la pièce.

Le four est aussi employé pour d'autres méthodes de cuisson, et, parfois, il convient de commencer à feu doux et d'augmenter progressivement la température, mais cela n'est pas le rôtissage.

Carême

Marie-Antoine Carême fut un des chefs de cuisine du dix-neuvième siècle. C'était un Parisien; il naquit en 1784 et mourut en 1833. C'était un enfant d'une famille pauvre de quinze enfants, et on dit qu'il fut abandonné par ses parents lorsqu'il atteignit l'âge de travailler. Son premier emploi fut chez un pâtissier, mais ses fortunes commencèrent en 1804, lorsqu'il entra dans la maison du prince de

Talleyrand. Heureusement pour lui, le luxe de la table devint considérable pendant la période appelée "l'Empire" (1804–1815), et l'importance accordée à la table présenta à Carême l'occasion de déployer ses connaissances culinaires.

Il passa deux ans en Angleterre (1815) où il fut appelé par le prince-régent pour devenir son chef de cuisine. Mais il n'aima pas notre climat, et lorsque le prince-régent, maintenant roi d'Angleterre, l'appela pour la deuxième fois en 1821, il refusa d'y aller.

C'était en effet un cuisinier qui travaillait à l'étranger. Il fut chef de cuisine d'Alexandre à Saint-Pétersbourg; il travailla à Vienne, à Aix-la-Chapelle, à Laybach et à Vérone.

Il s'intéressait beaucoup à la cuisine romaine et il étudia le sujet pendant dix ans. Parmi ses écrits sont *Le Pâtissier pittoresque*, *Le Maître d'hôtel français* (comparaison entre la cuisine ancienne et la cuisine moderne), *Le Cuisinier parisien* ou *L'Art de la cuisine au dix-neuvième siècle*, et *Le Pâtissier royal parisien*.

Le nom de Carême est associé à plusieurs préparations culinaires, par exemple, les oeufs brouillés, les oeufs durs, la sole, et surtout le gibier de plumes (alouettes, perdreau, bécasse), mais il a aussi dédié beaucoup de ses plats à d'autres personnages importants — Bagration, Talleyrand, Rothschild.

Rabbit in red wine

Preparation time: 20 minutes
Cooking time: 75 minutes
Ingredients: 1 rabbit   1 clove of garlic
           60 g of butter   12 small onions
           1 dl of oil   10 g of capers
           20 g of flour   a bouquet garni
           2 dl of red wine 2 cloves
           3 dl of stock   salt, pepper

Method:

1. Cut the rabbit into pieces.
2. Heat the butter and the oil in a fire-proof earthenware dish. Brown the rabbit. Take out the pieces and put them on one side.
3. Sprinkle the flour into the dish and stir all the time with a wooden spoon until it colours.
4. Moisten with the wine and the stock.
5. Add the bouquet garni, the cloves, the garlic (crushed beforehand), the salt and pepper.
6. Put back the pieces of rabbit into the dish and simmer for half an hour.
7. Peel the onions, blanch them in boiling salted water for ten minutes. Drain and add to the rabbit.
8. Leave to cook for a further 30 minutes.
9. Before serving, take out the bouquet garni and mix in the capers.

Advertisements of vacancies

1. Without making any reference to the previous lesson on abbreviations write out in full as much of the following as you can (you will not be able to do everything):

> Jne cuis.; 21 a.; C.A.P.; 2 ans rest. 2* Michelin; ch. pl.; comm. cuis.; pr. sais. ou plus; Rég. Mid.; libr. imm.; log. nourr. blanch.; Ecr. av. off. et sal. . . .

Refer to section 2 for full version and then translate into English.

Return to section 2 for the translation.

> Now try to do the same exercise with this abbreviated advertisement:
> Garç. rest.; 30 a.; cél.; aim. resp.; sér. réf.; ch. pl. ann.; sais. s'abst.; rég. indiff.; libr. déb. mai; prét. log. nourr. blanch. 400 NF mensuel. Ecr. . . .

You will not have been able to decipher everything. Refer to section 2 for the full version. Having checked your version, translate into English and then check your translation against the one given in section 2.

2. Jeune cuisinier (de) 21 ans, (avec) Certificat d'Aptitude Professionnelle (et ayant fait) 2 ans (dans un) restaurant deux étoiles (selon le Guide) Michelin, cherche place (comme) commis de cuisine pour (la) saison ou plus (longtemps) (dans la) région (du) midi. Libre immédiatement. Logé, nourri, blanchi. Ecrire avec offres et salaire (à) . . . .

The translation of this advertisement is as follows:

Young cook, 21 years old, with "Certificate of Professional Competence", having spent 2 years in a 2-star restaurant (according to the Michelin Guide classification) seeks a position as an Assistant Cook, for the season or longer, in the South of France. Free immediately. Board, lodging and laundry required. Write with offers and salary to . . . .

The second abbreviated advertisement should read as follows:

Garçon de restaurant, 30 ans; célibataire; aimant responsabilité; sérieuses références; cherche place à l'année; (offres pour la) saison s'abstenir; région indifférente; libre début de mai; prétentions: logé, nourri, blanchi, 400 Nouveaux Francs mensuellement. Ecrire . . . .

This, translated, reads:

Restaurant waiter, 30 years old; bachelor; liking responsibility; serious references (available); seeks place for the year; refrain from offering seasonal work; indifferent as to region; free beginning of May; Expectations: board, lodging and laundry, plus 400 New Francs per month. Write to . . . .

Letter-writing

You have read in the press that there is a vacancy in an hotel for a pastry-cook. You wish to apply for the post. Before attempting the letter, try to answer these questions in French.

1. Où avez-vous appris qu'un emploi est vacant?
2. Pourquoi écrivez-vous cette lettre?
3. Quel âge avez-vous?
4. Quels cours professionnels avez-vous suivis?
5. Dans quel collège les avez-vous suivis?
6. Décrivez le cours en quelques mots.
7. Combien de temps avez-vous passé en stage professionnel?
8. Où avez-vous fait ce stage?
9. Avez-vous réussi la partie théorique de ce cours?
10. Est-ce que quelqu'un a offert d'être votre référence?

Now, try to translate the following letter:

Address
Date

Dear Sir,

I have read in the newspaper "L'Hôtellerie" that a post as pastry-cook is vacant in your hotel and I am writing to apply for this post.

I am 22 years of age. I followed the course in Hotel Management at _____ College. This course is both a practical and a theoretical course which lasts for three years, with two terms spent in industry. I spent this period at the Grand Hotel, Rouen, where I was able to improve my knowledge of French. As for the theoretical part of this course, I passed it with Distinction. I am enclosing copies of the certificates I was awarded.

If you require references, the following two gentlemen have kindly agreed to be my referees.

Yours faithfully,

Quelques cognacs renommés

Bisquit Dubouche ***
Bisquit Dubouche VSOP
Bisquit Dubouche, fine Champagne 'Napoléon'
Château Paulet ***
Château Paulet 'Napoléon'
Château Paulet VSOP
Courvoisier ***
Courvoisier 'Napoléon'
Courvoisier VSOP
Delamain 'Pale and Dry', Grande Champagne
Hennessy Bras Armé
Hennessy Extra
Hennessy VSOP Réserve
Hennessy XO
Hine ***
Hine Antique
Hine Old Vintage
Hine VSOP
Louis Lebon ***
Martell ***
Martell Cordon Bleu
Martell Medallion VSOP
Rémy Martin VSOP

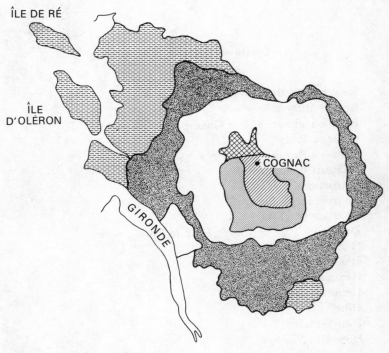

ÎLE DE RÉ

ÎLE
D'OLÉRON

GIRONDE

• COGNAC

LE COGNAC

GRANDE CHAMPAGNE

PETITE CHAMPAGNE

BORDERIES

FINS BOIS

BONS BOIS

BOIS ORDINAIRES

La production du cognac

Le cognac est le produit naturel de la distillation des vins blancs des Charentes. La superficie des terres plantées en vignes destinées à la production du cognac dans la région délimitée des Charentes est d'environ 98 000 hectares.

La région de production du cognac est délimitée et légalisée par le décret du 1er mai 1909. Elle correspond sensiblement aux confins géographiques des deux départements de la Charente et de la Charente Maritime. La grande division fondamentale du vignoble est celle qui distingue la région des champs ou champagne (campania) de celle des bois, géographiquement très nette puisqu'elle suit le jurassique qui couvrait la forêt primitive. La région délimitée comprend plusieurs crus:

la Grande Champagne
la Petite Champagne
les Borderies
les Fins Bois
les Bons Bois
et les Bois Ordinaires.

On utilise la différence existant entre les eaux-de-vie des différents crus pour obtenir des ensembles plus harmonieux où les types d'eau-de-vie se complètent, chacun apportant certains éléments qui manquent aux autres.

Le choix des cépages a une importance naturellement primordiale. Les trois cépages de raisin blanc sélectionnés par la loi pour la production du cognac sont: la "Folle blanche" qui fut longtemps le seul cépage utilisé, l' "Ugni blanc" dont les eaux-de-vie sont très bouquetées et le "Colombar".

La vinification en Charente ne présente aucune particularité. Aussitôt cueilli, le raisin est pressé pour obtenir le moût qui est ensuite mis dans des cuves où, après les fermentations habituelles, il se transforme en vin.

La distillation est faite sous la surveillance de la Régie. Le vin est distillé, soit par les récoltants eux-mêmes, soit par les grandes Maisons de commerce ou leurs représentants.

La distillation est une opération délicate. Elle demande à celui qui la conduit ou la contrôle une attention soutenue, une compréhension expérimentale, un tour de main que les pères transmettent aux fils et qui fait l'orgueil du véritable paysan charentais.

L'appareil de distillation ou alambic en usage dans les Charentes est resté le même à travers les âges; il s'inspire beaucoup de la cornue des alchimistes du Moyen-Age. La distillation se fait en deux temps, autrement dit en "deux chauffes". Le vin, sa fermentation terminée, est mis dans la chaudière avec une partie de sa lie pour être porté à

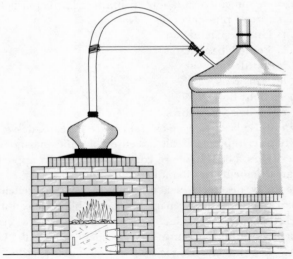

L'ALAMBIC CHARENTAIS

l'ébullition. Les vapeurs passant par le col de cygne sont condensées dans le serpentin refroidi par l'eau, et recueillies sous forme de "brouilli". Le "brouilli" est ensuite repassé dans la chaudière, c'est ce qu'on appelle "la bonne chauffe" qui sera le cognac. A la sortie de la chaudière, le cognac n'est encore qu'une eau-de-vie incolore et limpide comme de l'eau de roche. Il pèse environ 70°; il a un parfum pénétrant et subtil et possède déjà toutes les qualités intrinsèques du cognac.

Aussitôt après sa distillation le cognac est logé dans des fûts en bois de chêne provenant des forêts du Limousin ou de Tronçais dans l'Allier. Là, s'effectue, au long des années, un lent travail au cours duquel la futaille cède au cognac son tanin. L'eau-de-vie s'oxydant à travers les pores du chêne se transforme, s'adoucit, et perd une partie de sa teneur en alcool et de son volume; cette évaporation du cognac que l'on appelle poétiquement la "part des anges" représente en un an près de 4% du volume total.

C'est pendant cette période de vieillissement dans les chais que s'opère cette métamorphose d'un liquide incolore en un cognac de belle couleur ambrée, naturellement bouqueté possédant l'odeur fine et pénétrante du raisin en fleur. Le vieillissement est malgré tout entouré d'un certain mystère et tous les essais qui ont pu être faits jusqu'ici pour y suppléer ont été voués à l'échec.

Contrairement au vin et au champagne qui vieillissent en bouteilles, le cognac ne vieillit qu'en fûts de chêne dans des chais bâtis au niveau du sol et soumis aux variations saisonnières de température. Le cognac ne peut toutefois vieillir indéfiniment: au-delà de 60 ans de barriques, il risque de prendre un goût trop prononcé et de perdre une partie de ses qualités. Mis en bouteilles, le cognac ne vieillit plus, le verre le conserve intact et c'est ainsi que, dans son chai appelé "le Paradis", MARTELL stocke en bonbonnes des cognacs ayant plus de cent ans.

Ce n'est qu'en entretenant un stock très important que le négociant peut livrer sous sa marque une qualité constante.

Ce serait une erreur de croire que les eaux-de-vie provenant d'un cru déterminé sont toujours les plus recher-
chées, car chaque cru produit des eaux-de-vie ayant une
saveur, un bouquet, un arôme particulier, des aptitudes
différentes au vieillissement. C'est pourquoi les experts esti-
ment que c'est en assemblant des eaux-de-vie d'origines
différentes qu'on obtient des cognacs les plus complets possédant un ensemble de qualités rarement réunies en un
ou deux crus.

Cet assemblage d'eaux-de-vie d'âges et de crus différents
est appelé en terme de métier "une coupe" ou en langage
plus imagé un mariage d'eaux-de-vie. Chaque "coupe"
s'effectue en plusieurs étapes séparées par de longues pé-
riodes de vieillissement.

C'est l'art du dégustateur Maître de chais de savoir choisir ces eaux-de-vie, de les assembler pour obtenir un cognac
harmonieux correspondant aux caractéristiques de la
marque et où les qualités de chaque cru seront le mieux
mises en valeur.

Parmi tous les spiritueux, le cognac a acquis une réputation mondiale qui le place au sommet de la hiérarchie;
il le doit à ses qualités intrinsèques. Sur tout le globe on
peut faire des eaux-de-vie (les produits désignés sous le
terme générique d'eau-de-vie sont d'origine très variée):
　　Eaux-de-vie distillée de vin (cognac, armagnac
　　etc. . . .)
　　Eaux-de-vie distillée de grain (whisky, gin, vodka
　　etc. . . .)
mais les eaux-de-vie de vin bénéficient de l'origine la plus
noble et c'est seulement dans la région délimitée des Charentes que l'on peut produire du cognac, cela pour des rai-
sons naturelles que le Professeur Ravas de l'Université de
Montpellier a mises en évidence dans les termes suivants:
"Le cépage peut être cultivé partout et d'après les mêmes
méthodes que dans les Charentes, la distillation peut être
faite partout comme à Cognac, l'eau-de-vie peut être logée
dans des fûts identiques à ceux de la région, mais le terrain

et le climat ne peuvent nulle part ailleurs se présenter ensemble et avec les mêmes caractères. Aucune autre région ne peut obtenir du cognac."

Le cognac, fruit de la collaboration de la nature et de l'homme, est conditionné par trois facteurs: le sol, le climat, le cépage. Le temps, grand maître de toutes choses, fait le reste. . . .

(Reproduced by kind permission of Martell & Co.)

Exercises

1. Rewrite these menu items as they should appear on the menu card.
   a. Pommes frits pont neuf
   b. TRUFFES AU MADERE
   c. Piece de Boeuf Bourguignonne
   d. Cailles grilles Diable
   e. Truite de riviere doria
   f. Escalope pane a la Gruyère
   g. Endives etuvé
   h. Mousse a la creme chantilly
   i. CAVIAR FRAIS
   j. DOMINO DE FOI GRAS
2. Replace the word in brackets with the correct adjective.
   a. Filets de maquereaux à la   (Dieppe)
   b. Coquilles de saumon à la   (Florence)
   c. Petits pâtés à la   (Moscou)
   d. Gratin de pommes à la   (Savoie)
   e. Bananes à la   (Norvège)
   f. Haricots verts à la   (Lyon)
   g. Côte de veau à la   (Naples)
   h. Choux de Bruxelles à la   (Milan)
   i. Saumon glacé à la   (Champagne)
   j. Barbue à la   (Venise)
3. Say what the main ingredients are in the above menu items.

4. Translate the following sentences into English.
   a. Il faut faire un stage d'un an dans un hôtel français.
   b. La balance fonctionne sans poids.
   c. Les ménagères gasconnes conservent toutes sortes de volailles.
   d. La distillation est faite sous la surveillance de la Régie.
   e. Ce garçon de restaurant sera libre au début de mai.
5. Translate into French.
   a. There are many market gardens in the Pyrenees region.
   b. Take the seeds out of the tomatoes and cut them up coarsely.
   c. This plate-warmer conserves the heat for two hours after you have turned off the electricity.
   d. Carême was summoned to England to be the chef of the Prince Regent.
   e. The must is put into vats to ferment.

SECTION D

La Guyenne et la Gascogne

La Guyenne était une des provinces de l'ancienne France dont la capitale était la ville de Bordeaux. Elle comprenait les départements modernes de la Gironde, du Lot, du Lot-et-Garonne, de l'Aveyron et de la Dordogne. La capitale de l'ancienne province de Gascogne était Auch. Les Hautes-Pyrénées, le Gers, les Landes, une partie des Basses-Pyrénées, de la Haute-Garonne, du Lot-et-Garonne et du Tarn-et-Garonne sont les départements modernes qui formaient cette ancienne province. L'histoire des deux provinces fut entremêlée et voilà pourquoi elles comprenaient chacune une partie de quelques départements modernes. L'histoire de la Guyenne est étroitement liée à celle de l'Angleterre, et c'est grâce au mariage d'Henri II et d'Eléonore d'Aquitaine en 1154 que le vin de Bordeaux fut introduit en Angleterre.

Nous parlons donc de deux très grandes provinces de l'ancienne France, mais, puisque nous avons déjà parlé de la cuisine pyrénéenne, nous pouvons nous dispenser de traiter encore une fois une grande partie de la gastronomie de cette région.

Le Bordelais, c'est-à-dire la région de Bordeaux, est célèbre pour ses vins. Parmi les vins rouges, il faut citer les vins du Médoc, les saint-émilion, les pomerol et les graves rouges. Les vins blancs secs de Graves, du Bourgeais et du Blayais sont aussi très connus, mais la gloire des vins blancs est sans doute le sauternes, vin blanc très doux obtenu à partir d'un raisin atteint par la "pourriture noble".

Le Gers, dont le chef-lieu est Auch, est connu pour sa production de l'armagnac, eau-de-vie connue partout.

Le Périgord est l'endroit le plus connu en France pour ses truffes et à Périgueux on peut déguster des pâtés, des volailles et des conserves vraiment exquis.

Mais il faut revenir à la ville de Bordeaux qui est, pour ainsi dire, une des capitales de la gastronomie française. Outre le vin, c'est à Bordeaux qu'on a des comestibles de choix. Non loin de Bordeaux se trouve le ville d'Arcachon, connue pour ses huîtres; mais sur les marchés de Bordeaux on trouve des poissons, des crustacés et des coquillages de toutes sortes.

La ville de Roquefort, dont le fromage jouit d'une réputation mondiale, est aussi dans cette région de la France.

Parmi les plats régionaux (dont la liste est presque interminable) il faut mentionner les suivants: Entrecôte à la bordelaise, Moules à la bordelaise, Saucisse aux huîtres, Aubergines sautées à l'ail. Mais le Bordelais aime la bonne chère et on peut se régaler à Bordeaux des grands plats de toute la France.

Questions

1. Comment le vin de Bordeaux fut-il introduit en Angleterre?
2. Où sont les tombeaux d'Henri II et d'Eléonore d'Aquitaine?
3. Pourquoi est-ce que le sauternes est un vin blanc si doux?
4. Qu'est-ce que "la pourriture noble"?
5. Où est-ce que l'on peut déguster des pâtés de foie gras aux truffes?
6. Pourquoi est-ce qu'on peut dire que Bordeaux est une des capitales de la gastronomie française?
7. Donnez le nom de quelques vins rouges bordelais.
8. Pour quelle liqueur le Gers est-il connu?
9. Quel fromage d'une renommée mondiale est produit dans la région?
10. Que veut dire "aimer la bonne chère"?

Cèpes à la bordelaise

Préparation: 20 minutes
Cuisson: 15 minutes
Ingrédients: 1 kg de cèpes   sel, poivre
              20 g d'échalotes   persil
              huile d'olive

Méthode:

1. Laver les cèpes. S'assurer que les pieds soient propres en les épluchant. Les hacher.
2. Escaloper les têtes.
3. Hacher les échalotes.
4. Faire cuire les têtes escalopées à l'huile d'olive avec quelques gouttes de jus de citron. Les égoutter, puis les réserver.
5. Faire cuire les échalotes et les pieds des cèpes hachés.
6. Assaisonner.
7. Faire rissoler dans une deuxième poêle les têtes des cèpes. Mettre sur le plat de service.
8. Recouvrir du hachis d'échalotes et de pieds de cèpes.
9. Saupoudrer de persil haché.

Advertisements

1. Grille-pain automatique

En métal chromé, socle et poignée en matière plastique. Permet de griller 2 tartines à la fois. L'éjection des toasts a lieu automatiquement dès qu'ils sont grillés à la température demandée. Consommation 550 watts.

2. *Gaufrier électrique*

Forme ronde, émaillé blanc, poignées et socle en bakélite, moules en aluminium permettant d'obtenir 5 gaufres. Autre modèle à plaques interchangeables.

3. *Batteur électrique*

Corps et poignée matière plastique. Livré avec deux jeux de deux fouets et un fouet spécial de forme ronde pour écraser. Moteur universel pour courants alternatif et continu, à deux vitesses de rotation, commandé par un bouton. Dispositif d'éjection automatique des fouets après usage. Permet de réaliser rapidement sans peine blancs en neige, crème Chantilly, purée de pommes de terre etc. Appareil de très belle présentation, de forme moderne et à grand rendement. Très pratique.

4. *Hachoir électrique de ménage*

Corps matière plastique avec pieds forme moderne pour faciliter le rangement. Fort bloc moteur universel antiparasité pour courants alternatif et continu, avec réducteur de vitesse très robuste. Ensemble hachoir et couteau rotatif d'un démontage aisé pour le nettoyage.

(Reproduced by kind permission of Manufrance.)

Prunes

When you reach the wine-producing regions of France you see signposts indicating the "Wine route" to follow if you wish to see the vineyards which provide the wine of that region. When, finally, you reach the Lot-et-Garonne region, particularly in the neighbourhood of Agen, you will see a strange signpost, indicating not the "Route of the wine" but the "Route of the prune". This is not really surprising,

Harvesting plums

since Agen is, so to speak, the "kingdom of the prune", and cooking in this region is based on prunes.

Many varieties of plum are used but that most generally grown is the Ente plum which, it is said, was imported into France during the Crusades. In the old days, the plums were harvested and dried in the sun, but ovens are used more and more in the drying process. Special trays were used which I can only describe as petal-shaped and shallow. The petal shape allowed a circle to be made of the trays, and the pointed ends of the "petals" fitted round a central pillar which turned round over a heat source. There were several layers of these circles, thus allowing many plums to be dried by one source of heat.

Nowadays, open-work rectangular trays are used and the ovens are electrically heated. This gives a much greater control over the drying process.

You can often see the old, petal-shaped trays in museums and shop windows where they are used to display stuffed prunes. Although it is difficult to believe, these stuffed prunes are really delicious to eat and are quite costly.

Principes culinaires

Une méthode de cuisson qui est très commode pour la femme qui travaille est la cuisson à l'étouffée. Cette méthode s'appelle aussi la cuisson à l'étuvée ou le braisage (braiser). On emploie aussi un mot ancien pour désigner ce mode de cuisson: l'estouffade (ou encore, l'étouffade). Quand on sait qu'une étuve est une sorte de chambre de bains que l'on chauffe pour provoquer la transpiration, on comprend tout de suite les principes de ce mode de cuisson: lenteur et vapeur.

C'est une méthode pour cuire la viande avec les légumes. Dans une cocotte de fonte, ou toutefois, à parois épaisses, on met une couche de légumes, et sur cette couche on

dispose la viande. On ajoute assez peu de liquide (du bouillon, du vin). Puis on ferme le récipient d'un couvercle
qui ferme parfaitement, ou "hermétiquement" comme on
dit. L'assaisonnement se fait au début de la cuisson.

On met le récipient au four ou sur un feu très doux,
et l'on fait cuire pendant au moins deux heures. Pendant
cette cuisson lente, la vapeur se condense à l'intérieur du
couvercle et tombe goutte à goutte sur les aliments à cuire.
On obtient ainsi un jus vraiment savoureux. Pour aider
ce procédé on voit parfois des couvercles spéciaux qui faci-
litent l'écoulement de la vapeur. La surface extérieur de
ces couvercles peut aussi recevoir de l'eau froide qui favorise
la condensation.

Aujourd'hui, on peut acheter des cocottes électriques que
l'on laisse cuire pendant toute la journée; de cette façon,
la femme qui travaille peut préparer son étuvée avant de
sortir le matin et rentrer le soir pour servir tout simplement
et sans autre préparation son repas à sa famille. Un autre
avantage de la cuisson à l'étuvée est que l'on peut utiliser
les morceaux de viande moins chers.

Alexandre Dumas

Tout le monde connaît le nom d'Alexandre Dumas. C'est un écrivain du dix-neuvième siècle. Il est né à Villers-Cotterêts en 1802 et est mort à Puys, près de Dieppe, en 1870. Il est connu pour ses romans et il y aurait des Anglais qui seraient surpris d'apprendre que *Les Trois Mousquetaires*, *Le Comte de Monte-Cristo*, et *La Tulipe noire* ont été écrits par un Français — ils sont si célèbres dans notre pays. Tout le monde, donc, connaît son nom et beaucoup de ses romans. Mais tout le monde ne sait pas que parmi les trois cents livres (à peu près) qu'il a publiés, il se trouve un livre intitulé le *Grand Dictionnaire de Cuisine*. Ce dictionnaire était le dernier à sortir de sa plume et il a été publié en 1873. Oui, cet écrivain était aussi un gastronome d'une grande réputation, et on lit dans plusieurs de ces pages des références à l'art culinaire (Voir surtout ses *Impressions de Voyage*). Son dictionnaire était basé sur son expérience et comme gastronome et comme cuisinier (non professionnel, bien entendu). Quand il mangeait au restaurant il demandait souvent la recette d'un plat s'il lui avait donné un plaisir particulier. Dans les mille pages de son livre, on peut lire des recettes de tous les plus célèbres chefs de cuisine de son temps et de l'histoire. Ce n'était pas seulement un écrivain; Dumas aimait préparer les repas pour ses invités, et sa cuisine était d'une telle perfection que, souvent, on avait de la peine à croire que ses plats avaient été préparés de ses propres mains.

Fish soufflé

Preparation time: 30 minutes
Cooking time: 45 minutes
Ingredients: 200 g of cooked fish   3 dl of milk
         2 carrots   3 eggs
         parsley   juice of $\frac{1}{2}$ lemon
         50 g of butter   salt
         70 g of flour

Method:

1. Cook the fish in a court-bouillon.
2. Grate the carrots, chop the parsley (1 dessertspoonful).
3. Flake the fish and mix with the carrots and parsley.
4. Make a thick white sauce with the butter, flour and milk. Add the salt.
5. Remove the sauce from the heat and, stirring all the while, add the fish preparation.
6. Beat the egg yolks with the lemon juice and add to the mixture.
7. Whip the egg whites until stiff and add to the preparation.
8. Put into an oven-proof dish.
9. Cook in a medium-hot oven for 45 minutes.
10. Serve with a tomato sauce.

Le savoir-vivre à table

Il est intéressant, quand on est à table dans un restaurant à l'étranger, de regarder les autres et de prendre note des

différences et des ressemblances entre les manières et cou-
tumes des indigènes et celles des Anglais. Il va de soi que
la manière de se comporter dépend aussi de la catégorie
du restaurant où l'on mange, mais le touriste anglais ne
pourra pas se payer un repas dans un établissement de
grand luxe. N'importe, de toute façon on peut très bien
manger en France dans un restaurant à prix modérés.

On remarquera d'abord que le couvert est souvent différent. La nappe sera probablement recouverte d'une feuille
de papier, la fourchette reposera sur la pointe de ses dents
et la cuiller à soupe ressemblera plutôt à notre cuiller à
dessert, c'est-à-dire qu'elle n'aura pas le bol rond de la
cuiller à soupe anglaise. La petite assiette posée à gauche
de l'assiette principale manquera. Il y aura aussi un ou
deux verres à vin. Comme chez nous, la salière, la poivrière
et la ménagère se trouveront sur la table, avec peut-être
un cendrier et un vase de fleurs.

Voici quelques ressemblances avec les manières anglo-
saxonnes. Il n'est pas admis qu'on souffle dans la cuillerée
de soupe qu'on porte à la bouche. On ne doit pas prendre
avec les doigts une cuisse ou une aile de volaille. On ne
coupe pas son pain, on le rompt. Il est grossier de puiser
dans la salière avec la lame de son couteau ou la queue
de sa fourchette. Les noyaux de cerises et de prunes ne
se crachent pas dans l'assiette, mais on les dépose dans
la cuiller à dessert pour les mettre sur le bord de l'assiette.

Par contre, le Français, n'ayant pas de petite assiette
à gauche, posera son pain sur la nappe même. Il se sert
de son couteau uniquement pour couper — ce qui est
logique mais ce qui veut dire aussi qu'il tiendra souvent sa
fourchette de sa main droite et l'Anglais qui essaie d'entasser
plusieurs petits pois sur le dos de sa fourchette en les pous-
sant avec son couteau lui paraît quelque peu ridicule.
Quand il mange du poisson, il le coupe avec sa fourchette
dans la main droite et une bouchée de pain tenue dans
la main gauche. Il ne coupe pas la salade dans son assiette;
si le morceau de laitue est trop grand, il le plie avant

de le porter à la bouche. Sauf lorsqu'il aura mangé du poisson où il est de rigueur de changer de fourchette, il laissera sa fourchette et son couteau à côté de l'assiette — si le garçon ou la serveuse veut les changer il ou elle les emportera.

En général les règles de conduite à table et en Angleterre et en France sont basées sur le bon sens. On ne porte pas son couteau à la bouche de peur de se couper les lèvres. On ne laisse pas sa soucoupe sur la petite table quand on porte la tasse de café aux lèvres de peur de laisser tomber quelques gouttes de café sur ses vêtements. Pourquoi, donc, est-ce que les Anglais terminent leur repas avec le fromage quand le bon sens nous dit de ne pas repasser à un plat non-sucré après avoir goûté un plat sucré?

Les fromages

Chaque région de France a son fromage particulier; même chaque village ou chaque "patelin" a son fromage à lui. La France produit plus de quatre cents fromages différents; on pourrait donc manger un fromage différent chaque jour de l'année.

On distingue trois sortes de fromage: les fromages frais, les fromages fermentés à pâte crue, et les fromages à pâte cuite. On peut, bien sûr, les classer de façon différente ou subdiviser ces trois catégories pour parler, par exemple, des fromages fermentés sous cinq autres divisions — les fromages bleus, les fromages mous et les fromages durs etc.

En principe, le fromage se fait par la séparation des parties liquides et des parties solides du lait. Le liquide s'appelle le "petit-lait" et les solides s'appellent le "caillé" ou les "grumeaux". C'est en utilisant la présure que l'on arrive à faire cailler le lait. La présure est du lait aigri qui a été retiré de l'estomac de jeunes ruminants. "Présurer le lait" veut dire "faire cailler le lait".

Les fromages frais sont faits avec du lait pasteurisé auquel on a ajouté de la présure, mais on ne les fait pas fermenter. Les fromages frais les plus connus sont le demi-sel et le petit-suisse. Le yaourt est aussi un fromage frais qui a beaucoup d'applications culinaires, comme, par exemple, dans la préparation de soupes et de sauces.

Parmi les fromages fermentés, qui forment le groupe de fromages le plus varié et le plus vaste, on reconnaît facilement le brie et le camembert, tous les deux étant des fromages à pâte molle. Le pont-l'évêque, le carré de l'est et le livarot sont parmi les fromages à pâte molle mais à croûte lavée. Les fromages de lait de chèvre constituent aussi une partie très importante des fromages frais fermentés.

Il faut à peu près deux mois pour produire un fromage à pâte pressée. Le caillé est obtenu à une température plus élevée que pour les fromages à pâte molle. Le caillé est mis dans des moules où il est pressé pendant quelque temps avant d'être sorti des moules pour mûrir. Ces fromages sont souvent couverts d'une légère couche de cire. Le saint-paulin du nord-est de la France, le cantal (fromage auvergnat, fabriqué avec un mélange de lait de vache, de brebis et de chèvre), et la tomme de Savoie (parfois couverte de marc de raisin) sont parmi les fromages à pâte pressée.

Le gruyère de Comté et le beaufort sont parmi les fromages français à pâte pressée cuite. La fabrication se fait de la même façon que les fromages à pâte pressée non cuite, mais à une température plus élevée. La période de maturation dure environ six mois et pendant ce temps, une fermentation a lieu, ce qui explique les trous dans la pâte.

Il est de rigueur de manger les fromages (sauf les fromages frais aromatisés et mélangés avec des fruits, du miel, du chocolat etc.) après la salade mais avant le dessert; c'est un non-sens gastronomique de manger le fromage après un plat sucré.

Le fromage est très nourrissant et il ne faut pas trop en manger à la fin d'un grand repas. Par contre, il peut être offert avec avantage pour compléter un repas peu copieux.

On emploie parfois le mot "fromage" pour désigner un mets qui a été préparé dans un moule. Le mot latin "formaticum" (l'origine du mot français) signifiait quelque chose qui avait été formé. Ne soyez donc pas surpris, si on vous offre du fromage de tête, de ne pas y goûter de fromage.

Le chai et son maître

Entre les règes dépouillées, nulle présence et le vignoble
déserté, couleur de rouille, n'est plus qu'un océan figé
qu'incendient les crépuscules. Après un dernier repas, plus
copieux, plus succulent, mieux arrosé encore, les vendangeurs ont entonné les dernières chansons, porté des toasts
et bien ri. Les lampions sont éteints et finie la fête. A
l'an prochain!

Tournons nos regards vers les chais puisque c'est là, désormais, que le vigneron a à faire. Ce serait du mot gaulois
"caio" que le chai tiendrait une étymologie d'autant plus
séduisante qu'elle confère à l'édifice consacré au vin —
qui oserait utiliser le mot vulgaire de "local"? — une
ancienneté pleine de noblesse. Tout comme la vendange
dont le mot, au singulier, signifie la totalité d'une récolte,
le chai, par extension, devient l'ensemble, le stock d'une
ou plusieurs récoltes. Posséder un grand chai suppose une
belle accumulation de barriques ou de bouteilles!

Ce mot de chai, qui n'a pratiquement cours qu'en Gironde, évoque d'ailleurs pour tout Bordelais, infiniment plus
et mieux que le prolongement, les communs ou les bâtiments de servitude d'un château ou d'une propriété. En
fait, il dépasse, le plus souvent, en importance et en majesté,
la demeure elle-même, dans ce pays où le titre de "château"
consacre avant tout le vignoble et non point la demeure
qui lui donne son nom.

Le chai ne peut pas être un bâtiment quelconque. Bien
mieux il doit être construit de telle sorte qu'il puisse remplir
les conditions impératives qu'exige la conservation du vin.
Il doit garantir, en toute saison, une grande stabilité de

température. Que l'on ne s'étonne donc point de lui découvrir d'épaisses murailles, peu de fenêtres ou de le trouver imbriqué dans d'autres bâtiments. Un vaste grenier isolera des toits le chai lui-même et des systèmes de ventilation aideront au maintien d'une température uniforme. Il lui faut être sec, mais frais et la nature des sols, selon les cas, imposera des dispositions particulières. Il sera sombre et comme il sied de ne pas déranger le vin dans son recueillement on évitera les allées et venues inutiles. Il exige beaucoup d'autres choses encore et l'expérience du maître de chai saura toujours l'adapter aux nécessités de l'heure, aux exigences successives.

Quiconque aura visité un chai en Gironde, ou même dans Bordeaux chez les négociants, aura sûrement éprouvé un sentiment très singulier. Un chai, c'est un temple et sa pénombre, sa température égale, son silence, ses profondeurs mystérieuses imposent le recueillement. Une odeur pénétrante mais non agressive imprègne ces lieux. Atmosphère feutrée et douce, propice à ces lentes élaborations et à ces pratiques que l'on croirait volontiers magiques, d'où naîtra le vin.

Le chai c'est enfin le domaine, le royaume, car il en est le souverain, d'un personnage de la plus haute importance, le maître de chai, ou plus simplement le maître.

Pour les vendanges rouges, au moment où les comportes ont déversé leurs cargaisons dans les pressoirs et qu'elles ont été foulées, vient la période de cuvaison. Sa durée peut varier selon l'état de la vendange, de son degré de maturité, de sa vitesse de fermentation, et encore en fonction de la qualité que chaque propriétaire désire donner à son vin. Viendra alors l' "écoulage", autrement dit la mise en barrique, dans ces barriques bordelaises d'une contenance de 225 litres, faites de beaux "merrains" de chêne fendu.

C'est alors que commence le travail "en chai". Il va durer deux ou trois ans, au moins, jusqu'au moment où le vin sera jugé digne de la mise en bouteilles. C'est pendant cette longue période que la compétence, l'expérience, le talent et l'instinct du maître de chai vont se donner carrière. Le maître va donc intervenir et diriger ces lentes et minutieuses opérations, très fréquemment répétées, qui constituent la vinification.

Les "ouillages" tout d'abord, qui ont pour but de remplacer dans les barriques la perte inévitable produite par les refroidissements qui suivent les fermentations, par l'évaporation ou d'autres causes. Il importe en effet de ne pas laisser le vin au contact de l'air, toujours porteur de ferments nocifs. On comble donc le vide avec un vin identique. Très fréquemment dans les débuts, chaque fois que c'est nécessaire ensuite; plus tard, au bout d'une année ou plus, les barriques ayant été placées "bonde de côté" et bien fermées, les ouillages deviendront inutiles.

Non moins importants et non moins délicats à conduire, les soutirages accompagnent les ouillages. Lorsque le vin a été mis en barriques, on constate bientôt que les particules lourdes qu'il contient en suspension se déposent dans les fonds. C'est la lie, porteuse de corps étrangers, de levures et de germes qu'il convient d'éliminer. On procède donc à un transvasement du vin dans une autre barrique. Plusieurs fois répétée, cette opération éliminera peu à peu la lie et tous ces dépôts, avec les risques de maladies qu'ils comportent. Le vin alors est devenu en quelque sort stérile.

Deux ou trois années ont passé et le vin maintenant va être mis en bouteilles. Laissons-le encore pendant quelques mois se reposer des fatigues des soutirages, s'accoutumer à sa nouvelle demeure, s'y créer ses habitudes.

La vinification des vins blancs est quelque peu différente, tout particulièrement celle des raisins atteints de pourriture noble qui exige des soins infiniment méticuleux. Mais quelle que soit la vendange, quel que soit le vin, des plus illustres "grands" aux plus modestes, les mêmes connaissances techniques, la même foi, le même amour du vin animent les maîtres de chai et leurs compagnons. De père à fils, ils se transmettent leurs procédés, leurs recettes, et ce capital

de souvenirs associés à leurs réussites, à leurs victoires.
Eux aussi, ils ont fait le vin de Bordeaux.

Reproduced by kind permission of Editions JEMA.

Exercises

1. Rewrite these menu items as they should appear on
the menu card.
   a. Oeufs brouillé à la Argenteuil
   b. Quartiers d'Artichaut à la Grèque
   c. Coquilles de Cabillaud à la Mornay
   d. SOUFFLES A LA PARMESAN
   e. Côtelettes de moutons choiseul
   f. Sole à la Sarah bernhardt
   g. Macaronis Sicilienne
   h. Oeufs Mollet à la Washington
   i. Noisette de agneau
   j. Chausson Perigourdine à la valenciennes
2. Replace the word in brackets with the correct adjective.
   a. Filets de sole à la   (Fécamp)
   b. Poulet sauté à l'   (Orléans)
   c. Omelette à la   (Dijon)
   d. Epaule d'agneau à la   (Gascogne)
   e. Allumettes à la   (Paris)
   f. Pommes à la   (Berry)
   g. Aubergines au gratin à la   (Toulouse)
   h. Côtelettes d'agneau à la   (Turquie)
   i. Truite de torrent à la   (Grenoble)
   j. Carré de porc à la   (Limoges)
3. Say what the main ingredients are in the above menu
items.
4. Translate the following sentences into English.
   a. Le fromage jouit d'une réputation mondiale.
   b. La salière, la poivrière et la ménagère ne sont pas
      sur la table.

    c. La conservation du vin exige des procédés très stricts.

    d. Aujourd'hui on peut acheter des cocottes électriques très pratiques.

    e. Les prunes sont mises dans des claies en forme de pétale.

5. Translate into French.

    a. Sauternes is a sweet white wine from the Bordeaux region.

    b. This mincer is easily dismantled for cleaning.

    c. The receptacle is put in the oven at a very low heat.

    d. Fermented cheeses form the largest group and the most varied.

    e. After three years the wine is put into bottles.

SECTION E

Le nord-est

Au nord-est de la France se trouvent les départements du Haut-Rhin et du Bas-Rhin, de la Meurthe, de la Meuse, de la Moselle et des Vosges. Ce sont les anciennes provinces de l'Alsace et de la Lorraine.

Dans le plateau lorrain les terres sont plantées de céréales et de plantes fourragères, et on y élève des chevaux et du bétail. Plus à l'ouest les côtes sont plantées de vignes qui donnent des vins légers, bien que la vendange soit très irrégulière. Sur les côtes de la Moselle et partout dans la région on voit des arbres fruitiers, surtout des mirabelliers et des amandiers (les dragées de Verdun sont célèbres). Ces arbres fruitiers permettent d'obtenir de multiples produits: les eaux-de-vie, les fruits au sirop, les compotes, les confitures, et les confitures de groseilles de Bar-le-Duc sont très connues.

L'agriculture de la plaine d'Alsace est très variée; on y trouve des céréales — du blé, de l'avoine, de l'orge, du maïs — de la betterave à sucre, des plantes fourragères et des pommes de terre. La production de la bière exige de l'orge — déjà mentionnée — et du houblon; on n'est donc pas surpris de voir des champs de houblon. Mais on serait surpris de voir des champs de tabac — cependant, le département du Bas-Rhin est parmi les gros producteurs de tabac. On sait aussi que, dans cette région, on aime beaucoup la choucroute — ce qui explique les champs plantés de choux que l'on voit dans la région. Les cerisiers et les merisiers expliquent, à leur tour, la production du kirsch, eau-de-vie distillée de cerises et de merises. Les grosses prunes oblongues et violettes donnent naissance à l'eau-de-vie de quetsche (prononcé "kwetch") et aux pruneaux, et une liqueur distillée de la mirabelle est aussi à déguster.

Tout le monde connaît la quiche lorraine, tarte au lard chaude couverte de crème et de jaunes d'oeufs. On mange aussi en Lorraine une potée composée de différents légumes, de lard frais, de lard salé et de saucisses.

L'Alsace est pour ainsi dire le centre de la charcuterie: saucisses, saucissons, jambons fumés. Partout on mange de la choucroute: canard à la choucroute, choucroute garnie et ainsi de suite. On a vraiment l'embarras du choix. Mais, pendant que l'on est dans la région, il faut déguster les fromages — munster, géromé (déformation de Gérardmer) et le recollet de Gérardmer. Les vins qui sont nombreux et qui tirent leur nom du raisin utilisé et non du château où ils sont produits sont aussi à déguster — le sylvaner, le riesling, le muscat, et les pinot gris, blanc et noir. N'oubliez pas non plus de manger de la pâtisserie alsacienne, surtout le kugelhopf, gâteau fait de beurre, de farine, de raisins de Malaga et d'amandes et saupoudré de sucre en poudre.

Questions

1. Pour quelle confiserie Verdun est-il célèbre?
2. Quels sont les constituents de la bière?
3. A quoi servent les plantes fourragères?
4. Qu'est-ce que la choucroute?
5. Décrivez une quetsche.
6. Qu'est-ce qui distinguent les noms des vins du nord-est de la France des noms des autres vins du pays?
7. Qu'est-ce que la charcuterie?
8. Est-ce que la région est connue pour ses fromages?
9. Donnez le nom de quelques céréales.
10. A quoi sert le maïs?

Gâteau au chocolat de Nancy

Préparation: 25 minutes
Cuisson: 45 minutes
Ingrédients: 250 g de chocolat   125 g d'amandes décor-
          125 g de sucre semoule   tiquées
          100 g de fécule   6 oeufs
                             1 dl de lait vanillé

Méthode:

1. Echauder et monder les amandes. Les piler au mortier.
2. Ajouter 6 jaunes d'oeufs.
3. Faire fondre, à feu doux et en remuant avec une spatule, le chocolat dans le lait.
4. Quand la pâte est onctueuse, ajouter le sucre semoule
   et la fécule. Mélanger bien avec la spatule.
5. Ajouter la pâte d'amandes à la préparation du chocolat.
6. Monter les blancs d'oeufs en neige très ferme. Ajouter
   à la préparation en remuant très vivement pendant
   5 minutes.
7. Beurrer un moule. Verser la préparation dans le moule
   jusqu'aux trois quarts.
8. Mettre au four (feu moyen) pendant 45 minutes.
9. S'assurer que l'intérieur du gâteau demeure moelleux.
10. Démouler et servir froid.

Advertisements

1. Combiné ménager

Comprenant un bloc moteur électrique pour courants alternatif et continu, à vitesse variable, entraînant les divers
accessoires présentés ci-dessous et un socle support métalli-

que. Livré avec 2 batteurs et 2 bols en acier inoxydable de 20 cm et 17 cm de diamètre. Cet appareil permet de préparer avec les batteurs: mayonnaises, omelettes, blancs en neige, purées de pommes de terre, crèmes et pâtes brisée, à choux, à sablés etc. Il peut également être complété avec les accessoires annoncés ci-dessous. Mixer corps verre, embase en matière plastique. Pour battre, émulsionner, mélanger.

Hachoir à viande, corps et hélice en fonte d'acier étamée, couteau acier à 4 lames, 3 plaques à trous pour hacher à différentes grosseurs.

Moulin à café en acier inoxydable, couvercle en plastique. Centrifugeuse, presse-fruits-râpe, corps matière plastique, permet 3 utilisations: centrifugeuse pour exprimer des jus de fruits et de légumes durs (pommes, carottes . . .) — presse-fruits pour exprimer jus de citrons, d'oranges etc. — râpe, grâce à 4 jeux pour râper et émincer légumes, fruits, fromages.

2. *Nouvelle éplucheuse électrique*

Bâti tôle d'acier émaillée blanc avec moteur de 175 watts, placé sur le couvercle laqué rouge — cuve fixe et fond tournant garni d'une substance abrasive formant râpe pour éplucher pommes de terre, carottes, navets. Cet appareil est étudié pour éplucher 1 kg 500 de légumes bien calibrés. Le travail d'épluchage doit durer de 3 à 5 minutes par opération suivant la qualité des légumes. Particulièrement conseillée pour hôtels, pensionnats, pensions de famille, familles nombreuses.

(Reproduced by kind permission of Manufrance.)

Three beverages

Tea, coffee and chocolate were three very important drinks in the seventeenth century. Water being often impure and unfit to drink, the usual beverage was alcoholic and this led to drunkenness.

The British and the Russians are the biggest tea consumers in Europe. Tea was first used in England in about the middle of the seventeenth century. The arrival of the embassy from Siam helped to encourage tea drinking in France. The ambassador gave Louis XIV a gold vase for tea and the drink thus became fashionable for a time. When you are in France you must ask for tea with milk as the French will not assume that you take milk in your tea.

Coffee was brought to England in 1641 and the first coffee-house opened in Oxford nine years later, two years before the first one in London. It is said that there were three thousand coffee-houses in the English capital in 1675. The coffee-house was the forerunner of the English club and was the place where one went to learn the latest news. In the Ardennes, it was customary to drink ten cups of coffee after a meal, each cup with its own name — for example, gloria, rincette, coup de l'étrier; the gloria was accompanied by a glass of brandy which increased in size as the cup called the "coup de l'étrier" was reached.

Cocoa and chocolate are different things since chocolate is prepared from cocoa. Cocoa was introduced into England soon after the discovery of Mexico in the early years of the sixteenth century. Chocolate was in vogue in Paris in the middle of the next century, but it was for a long time considered more as a medicine than as a beverage.

Principes culinaires

Il y a deux autres modes de cuisson qui sont alliés à deux méthodes dont nous avons déjà parlé; la cuisson en sauce s'apparente à la cuisson au four, ou, aussi, à la cuisson à l'eau, et la cuisson à la poêle s'apparente à la cuisson à la graisse.

On appelle la cuisson en sauce le "ragoût". L'aliment

est coupé en petits morceaux, mis dans une sauce, et cuit dans une cocotte (ou parfois une casserole) munie de son couvercle. Tout l'art de faire un bon ragoût réside dans l'assaisonnement des aliments. Si la sauce contient des épices et des herbes, et si le liquide est un bon bouillon ou un vin, on réussit à avoir un plat vraiment délicieux. Si l'on prépare du veau ou de la volaille, on a l'habitude d'appeler ce ragoût blanc, une "fricassée"; s'il s'agit d'un lapin ou d'un lièvre, on emploie le mot "gibelotte". La cuisson du ragoût se fait toujours à petit feu et dure assez longtemps.

La friture peut aussi se faire dans une poêle à frire qui contient très peu de graisse. En ce cas la graisse devient très chaude et les morceaux à cuire (côtelettes, escalopes, tranches minces de viande etcetéra) s'attachent vite à la poêle. Il faut donc secouer la poêle pour empêcher cela; par conséquent, les morceaux à frire "sautent" dans la poêle. Voilà pourquoi on dit que l'on "fait sauter" un aliment lorsque l'on cuit quelque chose dans un petit fonds de graisse. C'est aussi la raison pour laquelle l'on nomme les poêles spéciales qui favorisent cette action de sauter, des "sauteuses" ou des "sautoirs". L'assaisonnement se fait à la fin de la cuisson, et souvent on fait une sauce en "déglaçant" la poêle au vin, au bouillon ou à la bière etcetéra.

Beauvilliers

Antoine Beauvilliers était un excellent cuisinier qui naquit à Paris en 1754. Il mourut en 1817. Ce fut en 1790 qu'il acheta trois arcades du Palais-Royal où il établit son restaurant. Pendant quinze ans, au dire de Brillat-Savarin, le restaurant de Beauvilliers fut le premier restaurant de Paris, et même après la mort de son fondateur il continuait à attirer les gourmets de Paris.

Il paraît que Beauvilliers, ce grand restaurateur, avait une mémoire remarquable qui lui permettait de recevoir ses clients d'une façon personnelle, et de leur recommander des plats qui étaient sûrs de leur plaire. Comme sa clientèle était plutôt cosmopolite, Beauvilliers réussit à s'exprimer en plusieurs langues.

En 1814 il publia un traité intitulé *L'Art du cuisinier* où il réunit les règles de l'art culinaire; c'est un des meilleurs livres qui existent sur le sujet.

Bien que la carte de son restaurant fût vraiment immense, les plats qu'il offrait étaient les mêmes que nous voyons d'habitude aujourd'hui sur les cartes des restaurants assez ordinaires — le hareng à la moutarde, la perdrix aux choux, le fricandeau aux épinards etc. Il a laissé son nom à une garniture qui accompagne les grosses pièces de viande braisées.

Grape flan

Preparation time: 40 minutes
Cooking time: 15 minutes
Ingredients: 200 g of flour   water
        100 g of butter   600 g of mixed black
        1 teaspoonful of sugar   and white grapes
        1 pinch of salt   a little apricot jam

Method:

1. Mix the flour, salt and sugar.
2. Put these dry ingredients on a pastry-board and make a well in them.
3. Add the melted butter. Work together with the finger tips.
4. Moisten with water, stirring with a wooden spoon.
5. Knead the paste and form into a ball. Leave to stand for half-an-hour.
6. Roll the paste out thinly with a rolling-pin.
7. Butter a pie-dish and line with the paste. Bake blind.
8. Mix 2 spoonfuls of apricot jam with a little water and spread on the bottom of the cooled flan-case.
9. Wash and seed the grapes and arrange them in the flan-case.
10. Paint with apricot jam mixture and serve.

Les vignobles

On dit que les Anglais parlent toujours du temps quand ils se rencontrent. Dans un pays où le climat est si variable, cela n'est pas surprenant. Quand deux Français se rencontrent, le sujet de conversation est toujours ou la nourriture ou le vin. Cela n'est pas surprenant non plus. La France fait une consommation considérable du vin et en exporte aux quatre coins du monde. Il faut que vous soyez ferré sur le sujet du vin et que vous ayez un minimum essentiel du vocabulaire de la langue concernant la production du vin.

La culture de la vigne s'appelle la "viticulture" et elle se fait sur une très grande échelle en France. Les régions les plus connues pour le vin sont le Bordelais, la Bourgogne, la Champagne, le Languedoc, la Loire et les Côtes du Rhône. L'homme qui cultive la vigne s'appelle un "viticulteur" ou un "vigneron". Il travaille dans son vignoble, c'est-à-dire dans un terrain planté de vignes. Un vignoble se reconnaît par des rangées d'échalas qui soutiennent des "ceps" ou pieds de vigne. Le vigneron travaille la terre et soigne ses vignes, les taillant chaque année.

La récolte se fait au mois de septembre (autour du 20); c'est l'époque des vendanges. Les vendangeurs, armés de ciseaux, récolteront le raisin qui se présente sous forme de grappes. Ils rejettent tout raisin qui n'est pas parfait. Surtout dans la région de Sauternes, la cueillette ne se fait qu'au moment de la surmaturation, ce qui veut dire que plusieurs tries sont nécessaires, car on ne prend que des grains qui ont été atteints par la "pourriture noble". Le grain est desséché et ridé et très sucré. Le vendangeur met les grappes qu'il a cueillies dans une corbeille qu'il

LES VIGNOBLES
DE FRANCE

CHAMPAGNE

ALSACE

• PARIS

LOIRE

BOURGOGNE

COGNAC

CÔTES DE
RHÔNE

BORDEAUX

LANGUE DOC

CÔTES DE
PROVENCE

vide dans une hotte portée sur le dos d'un porteur. Celui-ci, quand sa hotte est remplie, la verse dans des douils, de grands récipients sur une charrette.

Le raisin est transporté aux pressoirs, le jus est fermenté dans des tonneaux (attention, à Bordeaux on dit une barrique; le tonneau bordelais vaut 4 barriques) ou dans des cuves. La fermentation terminée, le vin est soutiré et transvasé plusieurs fois pendant l'année pour que la lie se dépose au fond du tonneau et que le vin se clarifie. Au bout de deux ou trois ans le vin est mis en bouteilles (l'embouteillage).

Il va de soi que les procédés de vinification varient de région en région et de vin en vin, mais en voilà les principes qui vous permettront de participer à une conversation sur le sujet du vin.

Le poisson

Dans une cuisine aussi variée que celle de la France on ne saurait oublier le rôle qu'y joue le poisson. Que ce soit les divers poissons de la Méditerranée ou ceux des rivières de France, ou que ce soit le poisson pêché au chalut, ce comestible joue un rôle très important dans l'alimentation française.

Evidemment, le poisson pêché à la ligne ou dans les rivières ou le long des côtes a un plus joli aspect que le poisson pêché au chalut, mais cette façon de pêcher ne saurait satisfaire les besoins de plus de 53 millions de Français. En général le poisson de ligne se vend plus cher que le poisson de haute mer. Les chalutiers partent pour quinze jours ou trois semaines pêcher au large des côtes d'Islande et du Groenland, et le poisson, qui est, bien entendu, plus secoué et plus meurtri que celui pêché à la ligne, est conservé dans la cale du bateau grâce à des moyens de réfrigération très efficaces. A l'arrivée dans les ports, le poisson est soigneusement vérifié et noté selon un système de cotation.

Il faut savoir reconnaître les bonnes qualités du poisson, car, si le poisson n'est pas bien frais, il faut le rejeter. L'odeur, tout d'abord ; si elle n'est pas fraîche et ne rappelle pas la marée, elle sentira l'ammoniaque, sûr signe qu'il ne faut pas manger le poisson. L'oeil doit être clair, légèrement saillant, et remplir l'orbite. Les branchies doivent être d'une bonne couleur rouge. Puis, comme pour la mie de pain, la chair doit être ferme mais élastique sous le doigt.

Quand on achète du poisson pour la table, il faut tenir compte des déchets qui varient selon les espèces. Si on achète des filets, il est évident que les déchets sont presque nuls, mais il faut compter à peu près cinquante pour cent pour le cabillaud, le colin, le maquereau, le merlan, la raie et les poissons de cette sorte. Pour la sole, la limande, le hareng et la sardine, les déchets sont bien moindres et de l'ordre de 15 pour cent. Il faut aussi tenir compte des convives ; un petit enfant ne mangera pas la même portion qu'un homme ou qu'un adolescent actif.

Le champagne

L'ancienne province de Champagne, dont la capitale est Troyes, a formé les quatre départements de l'Aube, de la Haute-Marne, de la Marne et des Ardennes. C'est dans une zone viticole délimitée par la loi que les vignerons produisent le champagne, vin connu dans le monde entier. Cette zone couvre environ 30 000 hectares de vignobles dont à peu près 75 pour cent sont actuellement plantés de vignes. Le centre de la région viticole est la ville d'Epernay et c'est là que se trouvent les grandes maisons dont les noms se lisent sur les étiquettes des bouteilles de champagne — noms tels que Mercier, Moët et Chandon etc.

Tout autour d'Epernay, sur les côtes, on voit pousser des rangées et des rangées de vignes. Dans ces 250 villages où les vignerons ont le droit de faire du champagne, le sol est particulier et ne se trouve pas ailleurs; sous une couche peu profonde (30 cm) de limon, il y a une profonde assise de craie où les racines de la vigne plongent. On ne peut pas faire de champagne avec n'importe quel raisin; seulement avec les raisins des trois cépages dits "nobles" — le pinot noir, le pinot meunier et le chardonnay, dont ce dernier seul est un raisin blanc. Dans la fabrication de champagne on emploie deux tiers de raisins noirs (dont le jus est blanc) et un tiers de raisins blancs. Si vous avez déjà vu des plantations de vignes dans d'autres régions viticoles de la France, par exemple dans le Saumurois et l'Anjou, vous remarquerez que le pied de vigne champenois est très proche du sol; ceci pour permettre à la vigne de recevoir la chaleur réfléchie du sol, dans une région qui n'est pas si ensoleillée que les régions méridionales de la France.

Vines in fruit

Au mois de juin la vigne fleurit et les grains se forment. C'est alors que le vigneron craint les pluies et la grêle qui peuvent réduire tout son travail à néant. Cent jours après la fleur viennent les vendanges, vers la fin de septembre. Chaque grappe de raisin est examinée et tous les grains qui ne sont pas parfaits sont rejetés; cette opération s'appelle "l'épluchage". Mais il ne faut pas croire qu'on utilise toute la récolte, car on pourrait sacrifier la qualité à la quantité. Prenant en considération le rendement de l'année, la loi impose chaque année un certain pourcentage de la récolte qui peut être employé pour la fabrication du champagne.

La vendange faite, le raisin est transporté aux pressoirs. La couleur d'un vin rouge étant dans la peau du raisin, il faut transporter et presser avec beaucoup de soin. Les pressoirs sont larges et bas pour que le jus puisse couler vite sans être coloré par les peaux écrasées. En tout, trois pressées sont faites qui livrent par pressoir 2 666 litres de jus, ou de "moût", comme on appelle ce jus. Le jus qui dépasse cette limite n'a pas droit d'être appelé "le champagne" et il n'est pas vendu. Le moût commence à fermenter dans des fûts ou dans des cuves, et cette fermentation se poursuit pendant plusieurs semaines. En soutirant le vin plusieurs fois pendant l'hiver, le fabricant réussit à obtenir un vin clair et tranquille.

Au printemps le coupage se fait, c'est-à-dire que plusieurs vins de crus différents (parfois jusqu'à trente même) sont assemblés pour produire un vin qui reste le même d'année en année. Si l'année est exceptionnelle on n'assemblera que des vins de cette année et on obtiendra un champagne "millésimé". Si, par contre, pour maintenir la qualité, il faut ajouter des vins de réserve d'années précédentes, on obtient un champagne "sans année". Toute cette opération s'appelle "la cuvée".

Mais le champagne est un vin mousseux et, de façon ou d'autre, il faut "mettre la mousse dans la bouteille". Voici la "méthode champenoise" — méthode qui est suivie dans d'autres régions pour les vins de qualité, car, à vrai dire, il y a des vins mousseux qui le sont parce qu'on leur a ajouté du gaz carbonique. Au vin clair dans les cuves on ajoute du sucre de canne et des ferments en petites quantités, puis on met le vin en bouteilles — ceci s'appelle le "tirage". Les bouteilles sont couchées dans les caves creusées dans la craie où la température est constante (10° centigrade) et elles y restent de 3 à 5 ans. Pendant les premiers mois de cette période une deuxième fermentation a lieu et c'est cette fermentation qui donne la mousse au vin — mousse qui est fine et durable, car on ne voudrait pas que la mousse se dissipe pendant la première minute après le débouchage de la bouteille.

La fermentation entraîne le dépôt et le consommateur de vin n'aime pas le dépôt. Il peut décanter ou transvaser un vin rouge, mais, vu l'action du gaz carbonique, le dépôt troublerait un vin mousseux. Pour éliminer ce dépôt on fait subir au vin le remuage; les bouteilles sont mises, têtes en bas, dans des "pupitres", planches en bois percées de trous légèrement coniques. Chaque jour le remueur tourne la bouteille d'un huitième de tour en la secouant et en la redressant un peu; au bout de quelques mois le dépôt se pose dans le goulot de la bouteille presque verticale. Le remuage terminé, on dispose les bouteilles en masses, le goulot de celle de la rangée supérieure dans le creux de celle de la rangée inférieure.

L'opération suivante s'appelle le "dégorgement", qui se fait juste avant la vente du champagne. Le col de la bouteille est passé dans une solution réfrigérante qui forme dans le goulot de la bouteille un glaçon contenant le dépôt de la seconde fermentation. Le dégorgeur fait sauter le bouchon et la pression interne fait sauter le glaçon avec le dépôt. Alors, c'est le "dosage" qui se fait: dans le vide laissé par le glaçon on ajoute la liqueur, mélange de champagne de même cuvée, de sucre de canne et de vin vieux. C'est le dosage qui détermine le type de champagne recherché — brut, sec, demi-sec. Un nouveau bouchon

est introduit dans le goulot et il est maintenu par un muselet
de fer, l'étiquette et la capsule sont mises sur la bouteille
et voilà la bouteille de champagne comme nous la voyons
chez le marchand de vins.

Exercises

1. Rewrite these menu items as they should appear on
the menu card.
  - a. Anguille d'eau douce à la Matelote
  - b. Sardine a la Antibois
  - c. Crème a la anglaise aux Curacao
  - d. Ballotine d'anguille Gauloise
  - e. Filets de sole à la Montreuil
  - f. PAUPIETTE DE SOLES PAILLARDS
  - g. Noisettes de mouton Tyrolien
  - h. Poulet sauté à la villeneuve
  - i. Cotelette d'Agneau à la périnette
  - j. Selles d'agneau Sarrasine
2. Replace the words in brackets with the correct adjective.
  - a. Ballotine de poularde à l'   (Espagne)
  - b. Champignons à l'   (Hongrie)
  - c. Quartiers d'artichauts à la   (Grèce)
  - d. Rouget à la   (Nantes)
  - e. Omelette à la   (Bruxelles)
  - f. Petits pois à la   (France)
  - g. Filets de barbue à la   (Toulon)
  - h. Carré d'agneau frit à la   (Vienne)
  - i. Filet de boeuf froid à la   (Strasbourg)
  - j. Langues de morue à la   (Madrid)
3. Say what the main ingredients are in the above menu
items.
4. Translate the following sentences into English.
  - a. Le houblon, maintenant sauvage, se voit dans les
    haies de la région.
  - b. On dit qu'il y avait trois mille cafés à Londres
    en 1675.

CARL A. RUDISILL LIBRARY
LENOIR RHYNE COLLEGE

    c. Il faut s'assurer que le liquide est bien savoureux.

    d. Au mois de juin la vigne fleurit et les grains se forment.

    e. Le grain est desséché, ridé et très sucré.

5. Translate into French.

    a. Alsace wines are named after the grape used and not the château.

    b. Beat the egg-whites until they are very stiff.

    c. This vegetable peeler is recommended for hotels.

    d. Fish caught by trawl is often very bruised.

    e. Several wines of different growths are blended.

ADDITIONAL EXERCISES

1. Compose menu items using the following commodities:

ris de veau	oeufs durs
aubergines	betterave
boeuf	volaille
dindonneau	turbot
barbue	vol-au-vent

2. Translate the following instructions into French:
   a. Cut the veal into regular pieces.
   b. Drain the meat and strain the cooking liquor.
   c. Crush the zest with the duck's liver.
   d. Pour the preparation over each one and serve immediately.
   e. Bring to the boil, skim and leave to simmer gently for two hours.

3. A guest in the hotel where you are employed brings you a newspaper and asks you to decipher the following two advertisements for her. Write out (a) the unabbreviated French, and (b) the English translation of each advertisement.
   i. LABORATOIRE, 16e arr. rech. STENODAC-TYLO tr. exp., poss. dev. secr., bonne prés., lib. imm., Ecr. man. avec C.V. aux Lab. IMTA M. Lebriguet, 21 Av. Limousine, Paris 16e.
   ii. SUCY-EN-BRIE
       Rés. pr. mag. et éc.; Pav. ét. nf.; ent., s. à m., sal., cuis., s. de b., Impec. Vis. s.d. a-m. Prix 129 000.

4. Comment on the different uses of "à la" in these menu items.

Merlan à l'anglaise	Suprêmes de barbue
Pommes à la vapeur	à la Dugléré
Filets de sole à la mornay	Omelette à la ciboulette

5. Write ten sentences in good, correct French on one of the following topics.
   a. Les vins français.
   b. La cuisine régionale.
   c. Ma future carrière comme cuisinier (cuisinière).

6. Translate into French.
   a. Can you sell me a stamp, please?
   b. I should like to telephone to England.
   c. I think the lift is out of order.
   d. Could you explain the menu to me?
   e. Will you fill in this small form, please?
   f. We should like breakfast at 7.30 a.m.
   g. Is it far to the station?
   h. We should like to go on some excursions.
   i. The manager would like to see you in his office, sir.
   j. Would you like me to translate this letter, madam?

7. Write out the following advertisement in full and translate it.

   Entreprise bâtiment proche gares Est et Nord recherche pour service financier: H. 25–28 a., niv. sec., esp. vif., bne. mém., préc., méth., bne. écr., ai. chiffres, ayt. déj. tenu fichier, dact. souh. Ecr. Direction . . . .

8. Name in French, giving the article:

   a. five vegetables   d. three possible ingredients
   b. five meats   of a *bouquet garni*
   c. five cuts of meat   e. two shell-fish

9. Write ten sentences in French on one or more of the following topics.

   a. Le pain français.   d. Le pâté de foie gras.
   b. La cuisine pyrénéenne.   e. Les fromages.
   c. L'escargot.

10. Translate into English.

    Louis: Pardon, Madame, est-ce que vous auriez par hasard deux chambres disponibles?
    Hôtelière: Non, je regrette, Monsieur. Il ne me reste qu'une chambre à deux lits. Si ça peut faire votre affaire . . . .
    Louis: A quel prix?
    Hôtelière: Trente-cinq francs.
    Louis: Est-ce qu'on peut manger ici?
    Hôtelière: Non, Monsieur, nous n'avons pas de res-

taurant. Mais il y a beaucoup de restaurants dans le quartier.

Louis: Bon. Eh bien, nous allons prendre cette chambre, s'il vous plaît.

Hôtelière: Bien, Monsieur. Combien de temps comptez-vous rester?

Louis: Deux nuits probablement.

Hôtelière: Si vous voulez bien remplir la fiche, avant de monter . . . . Je vais appeler le valet de chambre. Alfred, conduisez ces messieurs au 33.

Alfred: Si vous voulez me suivre, messieurs. Voilà, les toilettes sont au fond du corridor . . . .

Louis: J'aimerais prendre un bain.

Alfred: Mais oui, Monsieur. La salle de bains est en face. Les bains et les douches sont en supplément. Vous n'aurez qu'à demander à la femme de chambre. Bonne nuit, Messieurs.

11. Translate into French.
   a. Cook the macaroni in boiling, salted water.
   b. Cut the onions into rings.
   c. Carve the duck and arrange the pieces on a dish.
   d. Toss the mushrooms in the butter and leave for five minutes.
   e. Sprinkle with grated cheese.

12. Write out in French the recipe of one of your favourite dishes.

13. Write a letter in French to book a room (rooms) for your holidays. Give all relevant details.

14. Translate the following:

a cup of tea	salt-water fish
a bottle of wine	the egg yolk
Thursday, 12th August	a bunch of grapes
lamb's kidney	a glass of water
fresh-water fish	it's cold today

15. Replace the word "de" + the name of the country or region by the correct adjective.
   a. Le champagne est un vin de France.

    b. La région de Bordeaux est très importante.

    c. Le camembert est un fromage de Normandie.

    d. Les macaroni sont un mets d'Italie.

    e. Nous mangeons beaucoup de charcuterie de France.

    f. Le canard de Rouen est très célèbre.

    g. La pâtisserie de Vienne se vend en Angleterre.

    h. Le monsieur désire un cigare de Havane.

    i. On peut commencer un dîner avec des Frivolités de Moscou.

    j. La cuisine des Pyrénées est relevée d'ail.

16. State, in French, the duties of the following chefs:

le chef saucier	le chef communard
le chef poissonnier	le chef trancheur
le chef entremettier	le chef pâtissier
le chef potager	le chef volailleur
le chef rôtisseur	le chef boulanger

17. Answer the following questions in French.

    a. Que comptez-vous faire quand vous quitterez le collège?

    b. Qu'est-ce qu'une truffe?

    c. Que veulent dire les mots "chambré" et "frappé"?

    d. Quand est-ce qu'on se sert d'une turbotière?

    e. Qu'est-ce qu'on fait avec un tire-bouchon?

18. Translate into French.

    a. Sprinkle with chopped parsley.

    b. Deglaze with white wine.

    c. Add a pinch of salt.

    d. Brown the onions in butter.

    e. Bring to the boil.

    f. Pour the cooking-stock over the cutlets.

    g. Moisten with thickened brown gravy.

    h. Toss the cutlets in the oil.

    i. Drain the rissoled potatoes.

    j. Season with a touch of garlic.

19. Translate the following letter into French:

Dear Sir,

    Further to our letter of the 13th instant, we can

offer you the following rooms for the period 12th August
to 26th August:

  1 room with double bed, single bed, and bathroom
  at 60 NF

  1 single room (opposite) with shower at 35 NF

   Awaiting your confirmation, we are,

                                 Yours faithfully,

20. Say in French what is meant by the following:

un bain-marie	déglacer
un canapé	brider
une duxelles	

21. Give the English meanings of these words:

pané	panaché
fourré	brouillé
concassé	printanier
poêlé	saumoné
râpé	rafraîchi

22. Rewrite the following sentences substituting the word
in italics by a word of opposite meaning. Sentence
(e) will require special attention.

  a. Les tranches de viande sont très *épaisses*.
  b. La cuisson doit être très *rapide*.
  c. Les plats que nous mangeons sont très *lourds*.
  d. La soupe du jour est *bonne*.
  e. Le vin *blanc* doit être servi *frappé*.
  f. A quelle heure le restaurant est-il *ouvert*?
  g. On travaille dans la cuisine avec les mains *sales*.
  h. Les convives doivent rester *debout*.
  i. Il est *facile* de préparer un bon repas.

23. How would you express the following items on a French
menu?

  Braised best-end of lamb.

  Braised loin of beef.

  Roast leg of lamb with mint sauce.

  Sheep's kidneys grilled on skewers.

  Saddle and two legs of lamb on the spit.

24. Write out in French two preparations of the following

commodities as they should appear on a French menu.

a. omelette   f. consommé
b. pamplemousse   g. truite
c. salade   h. pommes
d. poulet   i. canapés
e. petits pois   j. barbue

25. Give complete sentences in French in reply to these questions.
    a. Quelle est la boisson habituelle des Normands?
    b. Qu'est-ce que le calvados?
    c. Comment appelez-vous la boisson que vous prenez avant un repas?
    d. Quelle est la différence entre le café noir et le café pur?
    e. De quoi vous servez-vous pour verser un liquide dans une bouteille?
    f. Quelles sont les régions en France les plus connues pour le vin rouge?
    g. Comment dit-on en anglais "le lard fumé"?
    h. Comment dit-on en anglais "l'aigrefin fumé"?
    i. Qui vend le porc en France?
    j. Où achète-t-on l'agneau, le boeuf et le veau?

26. How would you explain the following menu to a guest who does not speak French?

    Melon glacé au porto
    Bisque de homard
    Gigot de mouton braisé
    Pommes sautées
    Petits pois au beurre
    Fromage au choix
    Glace à la framboise
    Café
    Couvert et service compris
    Boisson en sus

27. Give the English equivalents of these cuts of meat and offal.

    aloyau   bavette

entrecôte	côte de veau
selle	gigot
longe	cuisse
rognon	ris de veau

28. Comment on these uses of "à la".

Croûtes à la Dubarry

Chicorée à la béchamel

Escalope à la poêle

Sole à la Dugléré

Faisan à la languedocienne

29. Say, in French, what the functions are of these personnel:

   a. le chef tournant

   b. le maître d'hôtel

   c. le chef de rang

   d. le commis débarrasseur

   e. le sommelier

30. Five explanations are given below of special culinary terms. Say what these terms are.

   a. Faire tremper une substance dans un liquide, comme, par exemple, des fruits dans de l'alcool.

   b. Transvaser un liquide qui a fait un dépôt de manière à laisser le dépôt dans la bouteille.

   c. Plonger dans de l'eau bouillante, avant toute autre préparation, des légumes ou une viande.

   d. Cuire lentement à petit feu.

   e. Faire cuire un jus ou une sauce afin de l'épaissir par évaporation.

CHECK LISTS

Common place-names used in menu-French

These are the most common place-names used in menu-French. It is important to know the feminine form of the adjective formed from these place-names. The feminine form of the adjective follows this list.

Afrique	Espagne	Nice
Algérie	Fécamp	Normandie
Allemagne	Flandre	Norvège
Alsace	Florence	Oran
Amérique	France	Orléans
Angleterre	Gascogne	Paris
Anjou	Gênes	Parme
Anvers	Grèce	Pays-Basque
Arles	Grenoble	Périgord
Armorique	Hollande	Poitou
Bavière	Hongrie	Pologne
Bayonne	Italie	Portugal
Berry	Japon	Provence
Biarritz	Landes	Rome
Bologne	Languedoc	Rouen
Bordeaux	Liége	Russie
Bourgogne	Limoges	Savoie
Bretagne	Lorraine	Sicile
Bruxelles	Lyon	Strasbourg
Canada	Mâcon	Suède
Catalogne	Madrid	Suisse
Cévennes	Maroc	Toulon
Champagne	Marseille	Toulouse
Danemark	Milan	Touraine
Dauphiné	Moscou	Turquie
Dieppe	Nantes	Venise
Dijon	Nantua	Vichy
Ecosse	Naples	Vienne
Egypte		

africaine
algérienne
allemande
alsacienne
américaine
anglaise
angevine
anversoise
arlésienne
armoricaine
bavaroise
bayonnaise
berrichonne
biarrotte
bolonaise
bordelaise
bourguignonne
bretonne
bruxelloise
canadienne
catalane
cévenole
champenoise
danoise
dauphinoise
dieppoise
dijonnaise
écossaise
égyptienne

espagnole
fécampoise
flamande
florentine
française
gasconne
génoise
grecque
grenobloise
hollandaise
hongroise
italienne
japonaise
landaise
languedocienne
liégeoise
limousine
lorraine
lyonnaise
mâconnaise
madrilène
marocaine
marseillaise
milanaise
moscovite
nantaise
nantuatienne
napolitaine

niçoise
normande
norvégienne
oranaise
orléanaise
parisienne
parmesane
basquaise
périgourdine
poitevine
polonaise
portugaise
provençale
romaine
rouennaise
russe
savoyarde
sicilienne
strasbourgeoise
suédoise
suisse
toulonnaise
toulousaine
tourangelle
turque
vénitienne
vichyssoise
viennoise

Verbs used in the kitchen

Note: Many of these verbs will require the use of "faire" or "laisser" before them.

abaisser
abricoter
accoler

accommoder
aciduler
additionner

adhérer
affranchir
agiter

aiguiser	clouter	disposer
ailler	colorer	dissoudre
allonger	concasser	dorer
amalgamer	condimenter	dresser
aplatir	congeler	
arroser	cordonner	ébarber
aspiquer	corser	ébouillanter
assaisonner	coucher	écailler
assommer	couper	échauder
attendrir	cristalliser	écorcer
	croûter	écorcher
badigeonner	croûtonner	écosser
barder	cuire	écrémer
battre		écumer
beurrer	déboucher	effeuiller
blanchir	débrider	effiler
blondir	décanter	égaliser
border	décongeler	égoutter
bouillir	décorer	égrapper
braiser	décortiquer	égrener
brasser	découper	émietter
brider	découvrir	émincer
broyer	déglacer	émonder
brûler	dégorger	enduire
	dégraisser	enlever
cailler	délayer	enrober
candir	démouler	épaissir
canneler	dénerver	épépiner
caraméliser	dénoyauter	éplucher
casser	dépouiller	escaloper
chapelurer	dérober	étouffer
chauffer	désarêter	étuver
chaufroiter	désosser	évaporer
chemiser	dessaler	exprimer
chiffonner	dessécher	
ciseler	détendre	faisander
citronner	détremper	farcir
clarifier	diluer	fariner

ficeler

figer

flamber

foncer

fondre

fouetter

fraiser

frapper

frémir

fricasser

frissonner

frire

frotter

garnir

geler

glacer

gommer

graisser

gratiner

gratter

griller

habiller

hacher

homogénéiser

huiler

inciser

incorporer

infuser

introduire

larder

laver

lever

lier

lisser

lustrer

luter

macérer

malaxer

manier

mariner

marquer

masquer

mélanger

meringuer

mijoter

mitonner

monder

monter

mortifier

mouiller

mouler

napper

nettoyer

orner

ouvrir

paner

parer

parsemer

passer

peler

persiller

pétrir

piler

piquer

pocher

poêler

poivrer

presser

rafraîchir

ramollir

râper

récurer

réduire

remuer

réserver

retirer

revenir

rissoler

rôtir

rouler

sangler

saucer

saumurer

saupoudrer

sauter

suer

tailler

tamiser

tenir au chaud

tourer

tourner

trancher

travailler

tremper

tronçonner

trousser

truffer

vider

zester

Meat, game, poultry, cuts etc.

abatis
abats
agneau
agneau de lait
agnelet
aiguillette
aile
alouette
aloyau
amourettes
andouille
andouillette
animelles
ballotine
barde
baron
basse-côte
bavette d'aloyau
bécasse
bécassine
bifteck
blanquette
boeuf
boudin
caille
canard (sauvage)
caneton
carré d'agneau
cervelle
chapon
chateaubriand
chevreuil
cimier
cochon de lait
collet

contrefilet
coq
coq de bruyère
côte
côte découverte
côtelette
côte première
couenne
cuisse
cuisseau
cuissot
culotte
dinde
dindon
dindonneau
échine
entrecôte
épaule
escalope
faisan
faux-filet
filet
filet mignon
flanchet
gibier
gigot
gigue
gîte
gîte à la noix
gras-double
grenadin
grive
halicot de mouton
hampe
hanche

hure
jambon
jambonneau
jarret
langue
lapereau
lapin de garenne
  (de clapier)
lard
lard maigre
lardon
lièvre
longe de veau
mouton
noix
oie
paleron
perdreau
perdrix
pigeon
pintade
plate-côte
pointe
poitrine
  d'agneau
poitrine de
  boeuf
poitrine de porc
porc
poularde
poule
poulet (reine)
poussin
pré-salé
queue de boeuf

râble de lapin
  (lièvre)
ragoût
ris d'agneau
ris de veau
rognon
romsteck
rosbif

rôti
rouelle de veau
rumsteck
sanglier
saucisse
saucisson
selle
sous-noix

tende de tranche
tête
tournedos
tranche grasse
travers
veau
venaison
volaille

Fish, crustaceans, shell-fish

aiglefin
alose
anchois
anchois de
  Norvège
anguille
araignée de mer
bar
barbeau
barbue
bigorneau
blanchaille
brème
brochet
bucarde
cabillaud
canthère
carpe
carrelet
chevaine
chevesne
clovisse
colin
congre
coquillage

coquille Saint-
  Jacques
crabe
crevette grise
crevette rose
crevette rouge
écrevisse
éperlan
équille
escargot
flétan
goujon
grilse
grondin
gryphée
guignette
haddock
hareng
hareng saur
homard
homard de
  Norvège
huître
laitance
lamproie

langouste
langoustine
limaçon de mer
limande
littorine
loche
lotte
loup de mer
maquereau
merlan
merluche
morue
moule
mulet
ombre
pagelle
palourde
perche
perche commune
pieuvre
pilchard
plie
poisson d'eau
  douce
poisson de mer

poulpe	sardine	thon
raie	saumon	tourteau
rouget	sole	truite
sandre	tanche	turbot

Vegetables

artichaut	chou-rave	mange-tout
asperge	chou rouge	morille
aubergine	chou vert	mousseron
bette	citrouille	navet
betterave	concombre	oignon
blette	cornichon	panais
carde	courge	petits pois
cardon	courgette	poireau
carotte	cresson	pois carrés
céleri	échalote	pois cassés
céleri-rave	endive	pois chiche
cèpe	épinards	poivron
chicorée	fenouil	pomme de terre
chou	fève	potiron
chou brocoli	flageolet	radis
chou de	haricot blanc	raifort
Bruxelles	haricot	rave
chou de Milan	d'Espagne	rutabaga
chou de Savoie	haricot vert	salsifis
chou-fleur	laitue	tomate
chou frisé	lentille	topinambour
chou pommé	maïs blanc	truffe

Fruit

abricot	banane	cerise
amande	bigarade	citron
ananas	brugnon	coing
avocat	cassis	datte

figue
fraise
framboise
grenade
groseille
groseille à
   maquereau
groseille blanche
groseille noire
groseille rouge
lime
limon
mandarine
marron

melon
melon d'eau
merise
mirabelle
mûre
mûre sauvage
myrtille
nectarine
nèfle
noisette
noix
olive
orange
pamplemousse

pastèque
pêche
poire
pomme
prune
pruneau
prunelle
raisin
   (de Corinthe)
   (de Malaga)
   (de Smyrne)
raisin sec
reine-Claude
rhubarbe

Herbs, spices etc.

ail (une gousse
   d'ail)
ail (une pointe
   d'ail)
angélique
basilic
bourrache
camomille
cannelle
câpre
carvi
cayenne
cerfeuil
champignon de
   couche
champignon de
   prairie
chanterelle
chicorée
ciboule
ciboulette

clavaire
coriandre
cumin
curri (kari
   etc.)
estragon
fenouil
genièvre
gingembre
girofle (un clou
   de girofle)
hysope
kari
laurier (une
   feuille)
livèche
macis
marjolaine
mélisse
menthe
mignonnette

moutarde
muscade
myrte
oseille
paprika
persil
piment
poivre (blanc,
   de Cayenne,
   en grains)
pourpier
romarin
safran
sarriette
sauge (un brin
   de sauge)
serpolet
thym
vanille
verveine

Personnel

aboyeur
annonceur des
   toasts
barman
brigade
caissier
   (caissière)
chef boulanger
chef communard
chef de cuisine
chef de garde
chef de nuit
chef de partie
chef de rang
chef de vins
chef entre-
   mettier
chef froitier
chef garde-
   manger
chef glacier

chef grillardin
chef hors-
   d'oeuvrier
chef pâtissier
chef poissonnier
chef potager
chef rôtisseur
chef saucier
chef tournant
chef trancheur
chef volailleur
commis de
   cuisine
commis de rang
commis de vins
commis
   débarrasseur
débarrasseur
directeur
directrice

économe
garçon de
   restaurant
gérant
gérante
maître d'hôtel
maître d'hôtel
   de carré
maître d'hôtel
   de rang
maître d'hôtel
   de réception
ménagère
page
plongeur
premier commis
réceptionnaire
sommelier
sous-chef
valet

Equipment

aiguille
   à brider
aiguille
   à larder
aiguille
   à piquer
araignée
argenterie
assiette
bain-marie
bassine
batte
beurrier

bouchon
bouteille
braisière
broche
brochette
buffet
cafetière
caisse
carafe
casserole
casserole russe
cendrier
cercle à flan

chaudron
chinois
ciseaux
cocotte
coquetier
corbeille
   (à pain)
couperet
couteau
couvercle
crible
cuiller
   (cuillère)

daubière
douille
écumoire
emporte-pièces
escargotière
étamine
évier
fouet
four
fourneau
fusil
gaufrier
glacière
gril
grille
grille-pain
hache-légumes
hache-viande
hachoir
lardoire
lavette
louche
mandoline
marmite
mortier
motolaveur
moule
moulin à café
moulin à poivre
moussoir
moutardier
mouvette

ouvre-boîtes
ouvre-bouteilles
ouvre-huîtres
palette
panier à friture
passoire
pelle
percolateur
pétrisseuse
pilon
pince
pinceau (à
  dorure)
planche à
  découper
planche à pâte
plaque à
  pâtisserie
plaque à rôtir
plat à gratin
plate allant au
  feu
plat allant au
  four
plat à rôtir
plat de service
plateau
poche à douilles
poêle
poêle à frire
poêlon
poissonnière

poivrière
porte-raviers
presse
  (à canard)
presse-citron
râpe
ravier
réfrigérateur
robinet
rouleau
sablier
saladier
saucière
saumonière
sauteuse
sautoir
seau à glace
sébile
sucrier
tamis
terrine
théière
tire-bouchon
torchon
tournebroche
tourtière
tranche-pain
truelle (à
  poisson)
turbotière
ustensile
vivier

Miscellaneous

abaisse
amidon

appareil
arête

aromate
asperger

aveline
barquette
bicarbonate de
   soude
bordure
bouillon
bouquet garni
brunoise
canapé
caramel
carneau
cassonade
chapelure
croûton
darne
duxelles
étouffée
farine
fontaine

gelée
infusion
julienne
liaison
macédoine
massepain
mirepoix
noisette
noix
noix d'acajou
noix du Brésil
noix muscade
orge perlé
pâte à beignets
pâte à brioche
pâte à choux
pâte à crêpes
pâte à foncer
pâte à frire

pâte à l'eau
pâte à pain
pâte brisée
pâte feuilletée
pâte levée
pâte sucrée
poudre à lever
poudre de
   gingembre
poudre levain
sel
semoule
sucre en poudre
sucre semoule
tronçon
truffe
vinaigre
zeste

GLOSSARIES
English–French
French–English

English-French Glossary

able pouvoir
about environ, vers
abundantly abondamment, en abondance
accompanied accompagné
add ajouter
agree consentir
alcoholic alcoolique
allow laisser, permettre
already déjà
although bien que
ambassador ambassadeur *(m)*
another encore
apply poser sa candidature, solliciter un emploi, faire une
    demande d'emploi
apply personally se présenter
apricot abricot *(m)*
area région *(f)*
arrange disposer, arranger
arrival arrivée *(f)*
as comme
as for quant à
as soon as possible dès que vous le pourrez, aussitôt
    que possible
assume présumer, supposer
at all du tout
attach s'attacher
await attendre
award (use) recevoir, gagner

back   dos *(m)*
bad   mauvais
bake blind   (faire) cuire à blanc
balance   balance *(f)*
ball   boule *(f)*
based   basé
basil   basilic *(m)*
bathroom   salle de bain(s) *(f)*
bay-leaf   feuille de laurier *(f)*
beat   battre
become   devenir
before   auparavant
beforehand   préalablement, au préalable
believe   croire, penser
best-end   carré *(m)*
beverage   boisson *(f)*
blanch   blanchir
blended   mélangé
boiling   bouillant
booking   réservation *(f)*
both . . . and   et . . . et
bottle   bouteille *(f)*
bottom   fond *(m)*
braised   braisé
brandy   eau-de-vie *(f)*, cognac *(m)*
breadcrumbs   chapelure *(f)*, panure *(f)*
breakfast   petit déjeuner *(m)*
bring   apporter, importer
bring to boil   porter à ébullition
brown   rissoler, faire dorer, faire roussir, faire revenir
bruised   meurtri
bulldozer   bulldozer *(m)*
bunch   grappe *(f)*
bury   enterrer
but   d'autre que
butter   beurre *(m)*
butter   beurrer

cage (wooden)   casier *(m)*
caper   câpre *(f)*
capital   capitale *(f)*
care (take)   se garder, prendre garde, faire attention
carrot   carotte *(f)*
carve   découper
caught   pêché
central   central
century   siècle *(m)*
certificate   certificat *(m)*
Channel   Manche *(f)*
cheese   fromage *(m)*
chocolate   chocolat *(m)*
chop   hacher
chopped   haché
circle   cercle *(m)*
clean   propre
cleaning   nettoyage *(m)*
clean out (of fish)   vider
clearing-pool   claire *(f)*
close   fermer
cloth   torchon *(m)*
clove   girofle *(m)*
clove of garlic   gousse *(f)* d'ail
club   club *(m)*
coast   côte *(f)*
cocoa   cacao *(m)*
coffee   café *(m)*
coffee-house   café *(m)*
cold   froid
collector   collecteur *(m)*
colour   dorer, faire dorer, prendre couleur
commodity   denrée *(f)*
compete   rivaliser
confirm   confirmer
confirmation   confirmation *(f)*
conservation   conservation *(f)*

conserve   conserver
considered   considéré, estimé
consumer   consommateur *(m)*
control   contrôle *(m)*
cook   (faire) cuire
cooking   cuisine
cooking-liquor   cuisson *(f)*, jus de cuisson *(m)*
cooking-stock   fonds de cuisson *(m)*, bouillon de cuisson
    (m)
cooking-time   cuisson *(f)*
cool   refroidir
copy   copie *(f)*
corn   blé *(m)*
costly   cher
course   cours *(m)*
cover   recouvrir
crab   crabe *(m)*
Crusades   Croisades *(fp)*
crush   piler
cup   tasse *(f)*
customary   habituel, de coutume, d'usage
cut   couper
cutlet   côtelette *(f)*
cut up coarsely   concasser

damage   abîmer
days (in the old . . .)   autrefois
decant   décanter, transvaser
deglaze   déglacer
deliberate   exprès
delicious   délicieux
deliver   livrer
describe   décrire
dessertspoonful   une cuillerée à dessert
details   détails *(mp)*
develop   développer
diabetic   diabétique *(m)*

difficult difficile
difficulty peine *(f)*
discovery découverte *(f)*
dish plat *(m)*
dismantle démonter
dispatch expédier
display étaler, exposer
distinction mérite *(m)*
double bed lit à deux personnes *(m)*, grand lit *(m)*
drain égoutter
drink boire
drink boisson *(f)*
drinking consommation *(f)*
drunkenness ivresse *(f)*
dry sécher
drying process procédé de séchage *(m)*
duck canard *(m)*
during pendant

early (use) premier
earthenware dish terrine *(f)*
eat déguster, manger
egg oeuf *(m)*
egg-white blanc d'oeuf *(m)*
electrically à l'électricité
electricity électricité *(f)*
elsewhere ailleurs
embassy ambassade *(f)*
encourage encourager, favoriser
end bout *(m)*
enough assez
especially surtout
evaporate faire évaporer, s'évaporer, se vaporiser
except sauf
excursion (go on an . . .) faire une excursion
expensive cher
explain expliquer

fairy-story   conte de fées *(m)*
false   faux
famous   célèbre
far   loin
fashionable   à la mode, en vogue
fatted   gras
fatten   engraisser
favourably   favorablement
fennel   fenouil *(m)*
ferment   fermenter
fermented   fermenté
few (a . . .)   quelques
fill in   remplir, compléter
finally   enfin
fire-proof   allant au feu
fish   poisson *(m)*
flake   émietter, effeuiller
flan-case   flan *(m)*, tarte *(f)*
flap-mushroom   cèpe *(m)*
float   flotter
floor   étage *(m)*
flour   farine *(f)*
fluctuation   variations *(fp)*
fly   mouche *(f)*
follow   suivre
following   suivant
force-fed   gavé
force-feeder   gorgeuse *(f)*
forerunner   précurseur *(m)*
form (little)   fiche *(f)*
form   former
fortnight   quinze jours *(mp)*
French   à la française
fresh   frais
fresh-water   eau douce *(f)*
full of   chargé (de)
funnel   entonnoir *(m)*

further   encore
further to   suite à

gain   gagner
garlic   ail *(m)*
gentleman   monsieur *(m)*
gently   doucement
glass   verre *(m)*
gold   or *(m)*
good-sized   beau
goose   oie *(f)*
grain   grain *(m)*
grape   raisin *(m)*, grain de raisin *(m)*
grasp   prendre
grate   râper
grill   gril *(m)*
group   groupe *(m)*
grow   pousser, développer, cultiver
grown   cultivé
growth   cru *(m)*
gullet   gosier *(m)*

half (a bay-leaf)   demi(-feuille de laurier) *(f)*
hand (on the other . . .)   d'autre part, par contre
handful   poignée *(f)*
harvest   récolter
head-waiter   maître d'hôtel *(m)*
heat   (faire) chauffer
heat   chaleur *(f)*, feu *(m)*
help   aider
herewith   ci-joint
hold (keep)   maintenir
hover   planer

immediately   tout de suite, immédiatement
import   importer
important   important

improve   améliorer, perfectionner
impure   impur
incision   incision *(f)*
increase   augmenter
indicate   indiquer, montrer
industry   industrie *(f)*
inevitable   inévitable
infinitely   infiniment
ingredient   ingrédient *(m)*
insert   introduire
insist   insister
instant   courant
introduced   introduit

jam   confiture *(f)*
juice   jus *(m)*

kidney   rognon *(m)*
killed   tué
kindly   (use) avoir la bonté de
kingdom   royaume *(m)*
knead   pétrir, travailler, fraiser
knife   couteau *(m)*
knowledge   connaissance *(f)*

lamb   agneau *(m)*
lard   saindoux *(m)*
large   grand, gros
last   durer
later   plus tard
latest   dernier
layer   couche *(f)*
lead   mener
learn   apprendre, entendre
leave   laisser
leave to stand   laisser reposer
leg of lamb   gigot *(m)*

lemon   citron *(m)*
lift   ascenseur *(m)*
light   léger
like   aimer, vouloir
line   foncer
list   liste *(f)*
liver   foie *(m)*
loin   longe *(f)*
lump   morceau *(m)*
lunch (to take . . .)   déjeuner

macaroni   macaroni *(ms* or *mp)*
maize   maïs *(m)*
management   direction *(f)*   (**Hotel Management**
   use hôtellerie *(f)*)
manager   directeur *(m)*
mark   marquer, indiquer
market-garden   jardin maraîcher *(m)*
meal   repas *(m)*
medicine   médecine *(f)*
medium hot   moyen
melt   (faire) fondre
method   méthode *(f)*
middle   milieu *(m)*
milk   lait *(m)*
mincer   hachoir *(m)*
mint   menthe *(f)*
mix (in)   mélanger
mixed herbs   fines herbes *(fp)*
mixture   mélange *(m)*
moderate   modéré
moisten   mouiller
mother oyster   huître-mère *(f)*
mouth   bouche *(f)*
museum   musée *(m)*
mushroom   champignon *(m)*
must   moût *(m)* ; verb: devoir

name   nom *(m)*
name   appeler
neck   cou *(m)*
need   besoin *(m)*; verb: avoir besoin, falloir
neighbourhood   environs *(mp)*
neither . . . nor   ni . . . ni
news   nouvelles *(fp)*
newspaper   journal *(m)*
next   suivant
notice   remarquer
nowadays   aujourd'hui, de nos jours

oak-tree   chêne *(m)*
obvious   évident
of course   bien entendu, bien sûr, naturellement
offer   offrir
office   bureau *(m)*
often   souvent
oil   huile *(f)*
once   une fois
onion   oignon *(m)*
open   s'ouvrir
open-work   (use) claie *(f)*
opposite   en face
order (in . . .)   en ordre
order (in . . . to)   pour
order (out of . . .)   en panne, en dérangement
oven   four *(m)*
oven dish   plat au four *(m)*
oven-proof dish   plat allant au four *(m)*
overcome   surmonter, dominer
own   propre
oyster   huître *(f)*
oyster-bed   parc à huîtres *(m)*
oyster culture   ostréiculture *(f)*

pack   emballer

paint   badigeonner
parsley   persil *(m)*
part   partie *(f)*
particular (in . . .)   en particulier
particularly   surtout
pass   succeed   réussir
pass   passer
passage   extrait *(m)*
paste   pâte *(f)*
pastry-board   planche à pâte, planche à pâtisserie *(f)*
pastry-cook   pâtissier *(m)*
pay   payer
peel   peler
people   personnes *(fp)*
pepper   poivre *(m)*
perfectly   parfaitement
perhaps   peut-être
period   période *(f)*
petal   pétale *(m)*
piece   morceau *(m)*
pie-dish   tourtière *(f)*
pillar   pilier *(m)*, colonne *(f)*
pinch   pincée *(f)*
place   endroit *(m)*
plate-warmer   chauffe-plat *(m)*
please   s'il vous plaît
pleased   heureux, content
plum   prune *(f)*
point of knife   pointe d'un couteau *(f)*
pointed   pointu
poison (oneself)   s'empoisonner
poisoning   empoisonnement *(m)*
pollution   pollution *(f)*
post   poste *(m)*
potato   pomme de terre *(f)*
poultry   volaille *(f)*
pour   verser

practical pratique
precaution (take ... against) prendre ses précautions
prefer préférer
preparation préparation *(f)*
preparation time préparation *(f)*
presentation-case écrin *(m)*
price prix *(m)* (**price-list** tarif *(m)*)
producer producteur *(m)*
progress progrès *(m)*
provide fournir
prune pruneau *(m)*
pull tirer
push pousser
put mettre
put back remettre
put on one side réserver

quarter quart *(m)*, quartier *(m)*
quite assez

rabbit lapin *(m)*
raise lever
reach atteindre, arriver
read (use) apprendre (to learn)
ready prêt
really vraiment, à vrai dire
rear arrière *(m)*
reason raison *(f)*
receive recevoir
receptacle récipient *(m)*
recommend recommander
rectangular rectangulaire
reduce réduire
reduction réduction *(f)*, remise *(f)*
refuse refuser
region région *(f)*
regular régulier

release lâcher
remove enlever
replace remplacer, remettre
reproduction reproduction *(f)*
require demander, chercher, rechercher, avoir besoin de
reward récompense *(f)*
rings rondelles *(fp)*
rissoled rissolé
roast rôti
roll abaisser
rolling-pin rouleau *(m)*
room chambre *(f)*
root racine *(f)*
round rond
rounded arrondi

saddle and two legs baron *(m)*
salt sel *(m)*
salted salé
salt-water (eau) de mer
sample déguster
sanitary sanitaire
saucepan casserole *(f)*
scrape gratter
season assaisonner
season saison *(f)*
seed grain *(m)*, pépin *(m)*
seed épépiner
seize saisir
sell vendre
serve servir
set jeu *(m)*, série *(f)*, panoplie *(f)*
several plusieurs
shallow peu profond
shape forme *(f)*
sheep mouton *(m)*
shelf rayon *(m)*

shell-fish   coquillage *(m)*
shoot of corn   pousse *(f)*
shower   douche *(f)*
sick   malade
signpost   poteau indicateur *(m)*
simmer   mijoter, mitonner
since   puisque
single bed   lit à une personne *(m)*
single room   chambre à une personne *(f)*
sink   tomber
sitting   assis
skewer   brochette *(f)*
skim   écumer
skin   peau *(f)*
slate   ardoise *(f)*
slice (thin . . .)   émincé *(m)*, rondelle *(f)*
slightly   légèrement, un peu
slow   lent
so to speak   pour ainsi dire
sole   sole *(f)*
source   source *(f)*
sow   truie *(f)*
Spain   Espagne *(f)*
special   spécial
species   espèce *(f)*
spend   passer
spit   broche *(f)*
spoonful   cuillerée *(f)*
spot   endroit *(m)*
spread   étaler, étendre
sprinkle   arroser (liquid), saupoudrer, parsemer
squeamish   sujet aux nausées
squeamishness   disposition aux nausées *(f)*
stamp   timbre(-poste) *(m)*
stand up   se lever
state   dire
station   gare *(f)* .

stay   séjour *(m)*
stick   bâton *(m)*
stiff   ferme
stir   tourner, remuer
stock   bouillon *(m)*
strange   singulier, bizarre, étrange
strict   strict
stuffed   fourré, farci
subject   sujet *(m)*
succeed   réussir à
such   tel
sufficiently   assez, suffisamment
sugar   sucre *(m)*
summer   été *(m)*
summon   appeler
sun   soleil *(m)*
supermarket   supermarché *(m)*
supply   provision *(f)*
sure   sûr
surprising   surprenant
survive   survivre

tail   queue *(f)*
take   prendre
take out   sortir
tea   thé *(m)*
teaspoonful   cuillerée à thé *(f)*
telephone   téléphoner
term   trimestre *(m)*
then   puis, ensuite
theoretical   théorique
therefore   donc, par conséquent
thick   épais
thickened brown gravy   jus lié *(m)*
thin   mince
think   croire, penser
thinly sliced   émincé

though   mais, cependant
thousand million   milliard *(m)*
throat   gosier *(m)*
throughout   pendant
thus   ainsi
thyme   thym *(m)*
tile   tuile *(f)*
time   fois *(f)*
tin   boîte *(f)*
today   aujourd'hui
toilet   cabinet *(m)*
tomato   tomate *(f)*
toss   (faire) sauter
touch of garlic   pointe d'ail *(f)*
traffic   circulation *(f)*
train   entraîner, dresser
trained   entraîné, dressé
translate   traduire
trawl   chalut *(m)*
tray   claie *(f)*
truffle   truffe *(f)*
turn   tourner
turn away   détourner
turn off   éteindre, fermer

uncover   déterrer
underground   sous terre
unearth   déterrer
unfit to drink   impropre à boire, non potable
use   utiliser, employer

vacant   vacant
varied   varié
variety   variété *(f)*
vase   vase *(m)*
vat   cuve *(f)*
veal   veau *(m)*

vegetable-peeler   éplucheuse *(f)*
vineyard   vignoble *(m)*
vogue   vogue *(f)*, mode *(f)*

wash   laver
water   eau *(f)*
way   méthode *(f)*, façon *(f)*
week   semaine *(f)*
well   puits *(m)*, fontaine *(f)*
well-known   connu
whether   si
while (all the . . .)   tout le temps
whip   fouetter
white of egg   blanc d'oeuf *(m)*
whole   tout
window (shop-)   vitrine *(f)*
wine   vin *(m)*
wine (cooked in red . . .)   (use) civet *(m)*
wine-producing   vinicole
wish   vouloir
wooden spoon   mouvette *(f)*
write   écrire

year   an *(m)*, année *(f)*
yolk   jaune d'oeuf *(m)*

zest   zeste *(m)*

French-English Glossary

abaisse *(f)*   thinly rolled paste
abaisser   roll paste
abaisser (s')   fall, lower
abatis *(mp)*   giblets
abats *(mp)*   offal
abbaye *(f)*   abbey
abeille *(f)*   bee
abord (d')   first, at first
aboyeur *(m)*   barker (one who transmits orders in kitchen)
abrasif   abrasive
abricot *(m)*   apricot
abricoter   decorate or flavour with apricots
abstenir (s')   refrain (from applying)
accessoire *(m)*   accessory
accidenté   hilly
accoler   stick together
accommoder   season, arrange, dress
accompagner   accompany
accorder (s')   agree
accumuler   accumulate, store
aciduler   acidulate, add lemon-juice etc.
acier *(m)*   steel
acquérir   acquire
actionner   set in motion, drive
actuellement   at present, today
additionner   add, augment
adduction d'eau *(f)*   diversion of water

adhérer   stick, adhere
admettre   allow, admit
adoucir (s')   grow softer, mellow
adversaire *(m)*   opponent
affaire (faire votre . . .)   suit (you)
affiche *(f)*   poster, notice
affliger   afflict
affranchir   loosen, detach
afin de   in order to
agit (il s'. . . de)   it is a question of
agiter   shake, shake up
agneau *(m)*   lamb
agneau de lait *(m)*   milk-fed lamb
agnelet *(m)*   lambkin, young lamb
agrandir   increase
aider   help
aigrefin *(m)*   haddock (also **aiglefin, égrefin, églefin**)
aigri   sour, bitter
aiguille à brider *(f)*   trussing-needle
aiguille à larder *(f)*   larding-needle
aiguille à piquer *(f)*   larding-needle
aiguillette *(f)*   thin strip of meat (usually of poultry)
aiguiser   sharpen
ail *(m)*   garlic
aile *(f)*   wing
ailler   rub, flavour with garlic
ailleurs   elsewhere
ailleurs (d')   moreover
ainsi   thus, in this way
ainsi de suite   and so on
ainsi (pour . . . dire)   so (to speak)
ajouter   add
alambic *(m)*   still, alambic
alchimiste *(m)*   alchemist
alcool *(m)*   alcohol
alevinage *(m)*   stocking with young fish
aliment *(m)*   foodstuff, piece of food

alimentation *(f)*   nutrition, nourishment
allées *(fp)*   goings
alliage *(m)*   alloy
allier   connect, ally, combine
allonger   extend, eke out (a sauce etc.)
allumette *(f)*   small rectangle of puff-paste, garnished
    and cooked
alors   then
alors que   even though, although
alose *(f)*   shad
alouette *(f)*   skylark
aloyau *(m)*   boned sirloin
alvéolé   honeycombed
amaigrissant   slimming
amalgamer   mix in
amande *(f)*   almond
amandier *(m)*   almond-tree
ambré   amber-coloured
amer   bitter
amidon *(m)*   starch
amourettes *(fp)*   spinal marrow
amovible   movable, removable, detachable
ananas *(m)*   pineapple
anchois *(m)*   anchovy
anchois de Norvège *(m)*   sprat
ancien   ancient, former
ancienneté *(f)*   antiquity
andouille *(f)*   chitterling sausage
andouillette *(f)*   small chitterling sausage
anecdote *(f)*   anecdote
ange *(m)*   angel
angélique *(f)*   angelica
anguille *(f)*   eel
animelles *(fp)*   lamb's fry
annonceur des toasts *(m)*   toastmaster
anse *(f)*   handle, grip
antiparasité   suppressed (electrically)

apercevoir (s'. . . de) notice, realize
apéritif *(m)* drink before a meal, aperitif
aphorisme *(m)* aphorism, pithy saying
aplatir flatten
apparaître appear
appareil *(m)* appliance, machine, culinary preparation
apparent visible
apparenter (s') resemble, be related to, be connected with
apporter bring
apprendre learn
approfondir deepen, go deeper into a subject
aptitude *(f)* ability
arachide *(f)* ground-nut, peanut
araignée *(f)* wire spider
araignée de mer *(f)* sea spider
arbre fruitier *(m)* fruit tree
arcades *(fp)* arcade
"arc-en-ciel" *(f)* rainbow trout
arête *(f)* fish-bone
argenterie *(f)* silver-plate
aromate *(m)* aromatic, spice
aromatisé flavoured
arôme *(m)* aroma, scent
arrondi rounded
arrondissement *(m)* district, ward (of Paris)
arrosage *(m)* sprinkling, watering
arrosé accompanied by wine
arroser baste, accompany a meal with wine
artériosclérose *(f)* arteriosclerosis
artichaut *(m)* artichoke (globe)
aspect *(m)* appearance
asperge *(f)* asparagus
aspiquer coat with aspic
assaisonnement *(m)* seasoning
assaisonner season
assèchement *(m)* draining

assembler   blend (of wines)
assez   quite
assiette *(f)*   plate
assise *(f)*   course, layer
associer (s')   associate
assommer   kill by knocking on the head
assurer   ensure
assurer (s')   ensure, make sure
attacher (s')   stick
atteindre   reach, attain, attack
attendre (s'... à)   expect
attendrir   tenderize, soften
attention *(f)*   care, attention
attirer   attract, draw
aubergine *(f)*   aubergine, egg-plant
augmenter   increase
aussitôt   immediately
autant (d'... plus)   all the more so
autour de   around
autre   other
autrement   otherwise
autrement dit   in other words
avance (à l'...)   beforehand, in advance
avant   before
avantage *(m)*   advantage
aveline *(f)*   hazel-nut, cob-nut
avocat *(m)*   avocado pear
avoine *(f)*   oats

badigeonner   brush with liquid
bain *(m)*   bath
bain-marie *(m)*   hot-water bath in which receptacles
   containing sauces etc. are placed to keep hot without
   boiling
baisser   lower
bakélite *(f)*   bakelite
balance *(f)*   scales, balance

balconnet *(m)* bracket (for holding bottles etc. in refrigerator)

ballotine *(f)* butcher's meat, boned and rolled; rolled, stuffed cabbage; also used for **galantine**

banane *(f)* banana

banlieusard *(m)* inhabitant of suburbs

bar *(m)* sea-perch

barbeau *(m)* barbel

barbue *(f)* brill

barde *(f)* strip of larding-bacon

barder lard

barman *(m)* barman

baron *(m)* saddle and two legs of lamb or beef

barquette *(f)* boat-shaped pastry-case or canapé

barrique *(f)* cask, barrel (225 litres)

bas low

basilic *(m)* basil

basse-côte *(f)* uncovered cutlet

bassine *(f)* pan

bâti *(m)* bodywork

bâtiment *(m)* building

bâtir build

batte *(f)* cutlet-bat

batterie de cuisine *(f)* set of kitchen equipment

batteur *(m)* whisk, beater

battre beat

bavette *(f)* skirt

bécasse *(f)* woodcock

bécassine *(f)* snipe

bédouin *(m)* Bedouin

belle-soeur *(f)* sister-in-law

bénéficier benefit, profit

berger *(m)* shepherd

besoin *(m)* need

bétail *(m)* cattle, livestock

bette *(f)* beet, chard

betterave (à sucre) *(f)* (sugar) beet

beurrer butter, smear with butter
beurrier *(m)* butter-dish
bicarbonate de soude *(m)* bicarbonate of soda
bien des many of the . . .
bien entendu of course
bienfait *(m)* benefit
bien que although
bien sûr of course
bière *(f)* beer
bifteck *(m)* beef-steak
bigarade *(f)* bitter orange
bigorneau *(m)* winkle
bisque *(f)* thick shell-fish soup, stew
bizarre strange
blanc d'oeuf *(m)* white of egg
blanchaille *(f)* whitebait
blanchi washing, laundry (included)
blanchir blanch
blanquette white meat stew
blé *(m)* corn, wheat
blessure *(f)* wound
blette *(f)* chard
bloc moteur *(m)* motor-unit
blondir colour lightly
boeuf *(m)* beef
boire drink
bois *(m)* wood
boiserie *(f)* woodwork, wooden frame, beams
boisson *(f)* drink, beverage
bol *(m)* bowl
bonbonne *(f)* carboy, demijohn
bonheur *(m)* good fortune
bord (verseur) (pouring) edge, lip
border border, edge
bordure *(f)* border, edge
bouchée *(f)* mouthful
boucher block, stop, fill

bouchon *(m)*   cork
boudin blanc *(m)*   white pudding, hog's pudding
boudin noir *(m)*   black pudding
bouillabaisse *(f)*   Mediterranean fish stew
bouillir   boil
bouillon *(m)*   stock, broth
bouquet *(m)*   "nose" of wine
bouqueté   possessing an aroma or "nose"
bouquet garni *(m)*   bunch of herbs (parsley, thyme, bay-leaf)
bourrache *(f)*   borage
bourrer   stuff, fill
bouton *(m)*   button, knob, handle
braisage *(m)*   braising
braiser   braise
braisière *(f)*   braising-pan
branchie *(f)*   gill (of fish)
brasser   mash, brew
brebis *(f)*   ewe
brême *(f)*   bream
brider   truss
brigade *(f)*   personnel, staff
briller   shine
broche *(f)*   spit
brochet *(m)*   pike
brochette *(f)*   skewer
brochure *(f)*   brochure
brouiller   scramble
broyer   pound, crush, grind
brugnon *(m)*   nectarine
brûler   burn
brûleur *(m)*   burner, ring
brun   brown
brunoise *(f)*   fine dice of vegetables
brut   very dry (champagne etc.), gross
bucarde *(f)*   cockle
buffet *(m)*   sideboard

cabillaud *(m)*   cod

cabrer   rear up (of horse)

cadre *(m)*   executive

cafetière *(f)*   coffee-pot

caille *(f)*   quail

caillé *(m)*   curds

cailler   curdle, turn sour

caillou *(m)*   pebble

caisse *(f)*   cash-desk, till

caissier (caissière) *(m) (f)*   cashier

cale *(f)*   hold (of ship)

calomnie *(f)*   calumny, false charge

calorie *(f)*   calorie

camomille *(f)*   camomile

campagne *(f)*   country

canapé *(m)*   canapé, small slice of toast garnished as hors-d'oeuvre

canard *(m)*   duck

candir   candy, crystallize

caneton *(m)*   duckling

canne à mouche *(f)*   fly-rod

canneler   groove, channel

cannelle *(f)*   cinnamon

canthère *(m)*   sea-bream

câpre *(f)*   caper

capsule *(f)*   seal of bottle

carafe *(f)*   carafe, jug, decanter

caraméliser   caramelize

carboniser   char, carbonize

carcasse *(f)*   carcass

carde *(f)*   chard

cardiaque   cardiac

cardon *(m)*   cardoon

cargaison *(f)*   cargo, load

carneau *(m)*   boiler flue

carnivore *(m)*   predatory fish

carotte *(f)*   carrot

carpe *(f)*   carp
carré *(m)*   square
carré d'agneau *(m)*   best-end of lamb
carrelet *(m)*   dab
carrière *(f)*   career
carrosserie *(f)*   body-work, casing
carte *(f)*   menu-card
carvi *(m)*   caraway
cas *(m)*   case
cas (au ... où)   in the event (that)
casquette *(f)*   cap
cassation *(f)*   Appeal (Court)
casse-croûte *(m)*   snack, packed lunch
casser   break
casserole *(f)*   saucepan, casserole
casserole russe *(f)*   high-sided saucepan
cassis *(m)*   blackcurrant
cassonade *(f)*   brown sugar
catégorie *(f)*   category
catégoriser   to put into a category
cave *(f)*   cellar
caviar *(m)*   caviar
cayenne *(m)*   Cayenne pepper
céder   yield, give up, surrender
cela va de soi   that goes without saying
célèbre   famous
céleri *(m)*   celery
céleri-rave *(m)*   celeriac
célibataire *(m)* *(f)*   single person
cendrier *(m)*   ash-tray
Cendrillon   Cinderella
centrale *(f)*   power-station
centrifugeuse *(f)*   centrifugal juice-extractor
cep *(m)*   vine-stock
cépage *(m)*   vine-plant
cèpe *(m)*   flap-mushroom
cependant   however

cercle à flan *(m)* flan-ring
céréales *(fp)* cereal crops, cereals
cerfeuil *(m)* chervil
cerise *(f)* cherry
cerisier *(m)* cherry-tree
cervelle *(f)* brains
chai *(m)* wine storehouse, cellar (usually above ground)
chaîne *(f)* chain, range
chair *(f)* flesh, meat
chaleur *(f)* heat, warmth
chalut *(m)* trawling-net
chalutier *(m)* trawler
chambrer bring a wine to room temperature
champagne *(f)* country (in Cognac region)
champagne *(m)* champagne wine
champignon de couche *(m)* cultivated mushroom
champignon de prairie field mushroom
changement *(m)* change
chanterelle *(f)* cantharellus mushroom
chapelure *(f)* breadcrumbs
chapelurer cover with breadcrumbs
chapon *(m)* capon
chaque each
charcuterie *(f)* pork products
chargement *(m)* load, freight, cargo
charlotte *(f)* charlotte
charrette *(f)* cart
château *(m)* castle, large country mansion associated
    with wine production
chateaubriand *(m)* double fillet steak
chaudière *(f)* boiler
chaudron *(m)* large (copper) pan with freely moving
    handle
chauffage *(m)* heating
chauffe *(f)* heating
chauffe-plat *(m)* plate-warmer
chauffer heat, warm

chaufroiter   coat with *chaud-froid* sauce
chausson *(m)*   lit. slipper; turnover
chef boulanger *(m)*   bakery chef
chef communard *(m)*   chef who prepares staff meals
chef de cuisine *(m)*   head-chef
chef de garde *(m)*   relief under-chef
chef de nuit *(m)*   night-chef
chef de partie *(m)*   section chef
chef de rang *(m)*   station-waiter
chef de vins *(m)*   chief wine-waiter
chef entremettier *(m)*   vegetable-chef
chef froitier *(m)*   chef responsible for cold dishes
chef garde-manger *(m)*   larder chef
chef glacier *(m)*   chef responsible for ice dishes etc.
chef grillardin *(m)*   grill-chef
chef hors-d'oeuvrier *(m)*   chef responsible for hors-d'oeuvre
chef-lieu *(m)*   chief town of a department
chef pâtissier *(m)*   pastry-chef
chef poissonnier *(m)*   fish-chef
chef potager *(m)*   soup-chef
chef rôtisseur *(m)*   roast-chef
chef saucier *(m)*   sauce-chef
chef tournant   relief section-chef
chef trancheur *(m)*   carving chef
chef volailleur *(m)*   poultry-chef
cheminée *(f)*   chimney
chemiser   coat mould with jelly
chêne *(m)*   oak
cher   expensive, dear
chevaine (chevesne) *(m)*   chub
chèvre *(f)*   goat
chevreuil *(m)*   roebuck
chicorée *(f)*   endive, chicory root
chiffonner   shred
chiffre *(m)*   number, figure
chimie *(f)*   chemistry

chinois *(m)*   conical sieve
choisir   choose
choix *(m)*   choice
chou *(m)*   cabbage
chou brocoli *(m)*   broccoli
choucroute *(f)*   sauerkraut
chou de Bruxelles *(m)*   Brussels sprout
chou de Milan *(m)*   Savoy cabbage
chou de Savoie *(m)*   Savoy cabbage
chou-fleur *(m)*   cauliflower
chou frisé *(m)*   curly kale
chou pommé *(m)*   ball-head cabbage
chou-rave *(m)*   kohl-rabi
chou rouge *(m)*   red cabbage
chromé   chromium-plated
ciboule *(f)*   spring onion
ciboulette *(f)*   chive
ci-dessus   above
cidre *(m)*   cider
cigare *(m)*   cigar
cimier *(m)*   haunch of venison
cire *(f)*   wax
ciseaux *(mp)*   scissors, secateurs
ciseler   incise, shred
citer   mention, quote
citron *(m)*   lemon
citronner   flavour with lemon
citrouille *(f)*   pumpkin
civet *(m)*   stew, often trans. as "jugged"
claie *(f)*   open-work tray, often in wicker
clair   clear
clarifier (se)   clear (become clear)
clavaire *(f)*   club-top mushroom
clayette *(f)*   tray, shelf
clientèle *(f)*   custom, customers
climat *(m)*   climate
clos (p.p. of **clore**)   closed

clouter   stud (e.g. with cloves)
clovisse *(f)*   cockle
cochon de lait *(m)*   sucking-pig
cocotte *(f)*   fire-proof earthenware dish, stewpot, casser-
    ole
code *(m)*   code, rule-book
coeur *(m)*   heart
cognassier *(m)*   quince-tree
coin *(m)*   corner
coing *(m)*   quince
col *(m)*   neck (of bottle)
col de cygne *(m)*   swan's neck (tube of that shape)
colin *(m)*   hake
colite *(f)*   colitis
collet *(m)*   neck, scrag (of veal)
colombage *(m)*   half-timbering
colorer   colour
combiné *(m)*   multi-purpose kitchen machine
comestible *(m)*   foodstuff
commander   control
comment est . . . ?   what is . . . like?
commis débarraseur *(m)*   clearing assistant
commis de cuisine   kitchen assistant
commis de rang *(m)*   assistant station-waiter
commis de restaurant *(m)*   restaurant assistant
commis de vins *(m)*   assistant wine-waiter
commode   convenient
communs *(mp)*   outbuildings, outhouses
comparaison *(f)*   comparison
compléter (se)   complement (each other)
comporte *(f)*   vat, tub
comporter   comprise
comporter (se)   behave
composition *(f)*   composition (comprising)
compote *(f)*   stew of fruit
compréhension *(f)*   understanding
comprendre   comprise, understand

compresseur *(m)* compressor
compris included
compte (tenir . . .) bear in mind
compter count, allow, intend
comte *(m)* Count
concasser coarsely chop
concierge *(m)* caretaker, porter
conclure conclude
concombre *(m)* cucumber
condimenter season
conduire drive, conduct, lead
conduite *(f)* conduct
conférer confer
confins *(m)* confines, limits, borders
confiserie *(f)* confectionery
confits *(mp)* preserves, conserves
confiture *(f)* jam
congélation *(f)* freezing
congeler freeze, congeal
congre *(m)* conger eel
conique conical
connaissances *(fp)* knowledge
connaître know, be acquainted with
connu well-known, famous, known
consacrer devote
conseillé recommended
conséquent (par . . .) consequently
conservation *(f)* preservation
conserver preserve, keep, store
conserves *(fp)* preserves
considération *(f)* esteem, regard, respect
consommateur *(m)* consumer
consommation *(f)* consumption
consommé *(m)* (clear) soup
consommer consume
constamment constantly
constituant *(m)* constituent

construire build, construct
contenance *(f)* capacity
contenir contain
continuer continue
contradictoire contradictory
contraire *(m)* opposite
contre (par . . .) on the other hand
contrefilet *(m)* boned sirloin of beef
contre-porte *(f)* inside of door
convenir suit, serve
convient (il . . . de) it is fitting to, advisable to
convive *(m)* *(f)* table-companion
copieux copious
coq *(m)* cock, cockerel
coq de bruyère *(m)* grouse
coquetier *(m)* egg-cup
coquillage *(m)* shell-fish
coquille *(f)* shell
coquille Saint-Jaques *(f)* scallop
corbeille *(f)* basket
cordon *(m)* cable, flex, lead
cordonner surround with thin line of sauce etc.
coriandre *(m)* coriander
cornichon *(m)* gherkin
cornue *(f)* retort
corps *(m)* body
correspondre correspond
corridor *(m)* passage
corser thicken, tighten a sauce, highly season
cotation *(f)* classification, grading
côte *(f)* coast, rib, chop, slope
coteau *(m)* slope, hillside
côte découverte *(f)* uncovered cutlet
côtelette *(f)* cutlet
côte première *(f)* loin chop
couche *(f)* layer, bed
coucher lay, pipe

couenne *(f)* rind (of bacon, pork)
coulissant sliding, running
coup *(m)* baited swim or pitch (in angling)
coupe *(f)* blend
couper cut
couperet *(m)* cleaver
courant alternatif *(m)* alternating current
courant continu *(m)* direct current
courge *(f)* marrow (vegetable)
courgette *(f)* marrow (vegetable)
cours *(m)* course
cours (au . . . de) in the process of, undergoing
cours (avoir . . .) be in use, current
cours d'eau *(m)* waterway
court-bouillon *(m)* stock for cooking fish
couteau rotatif *(m)* rotating-blade (in blender)
coutume *(f)* custom
couvercle *(m)* lid
couvert *(m)* cover, place-setting
crabe *(m)* crab
cracher spit
craie *(f)* chalk
crainte *(f)* fear
cranté slotted
crayeux chalk, chalky
crème *(f)* cream, custard
crépinette *(f)* meat-cake wrapped in caul
crépuscule *(m)* twilight
creuser dig, excavate
creux hollow, punt
crevette grise *(f)* shrimp
crevette rose *(f)* prawn
crevette rouge *(f)* prawn
crible *(m)* sieve (large mesh)
cristalliser crystallize
croire believe
croustillant crusty

croûte *(f)*   crust
croûter   cover with crust
croûton *(m)*   sippet, slice of toast or fried bread
croûtonner   garnish with **croûtons**
cru *(m)*   growth (of wine)
cru   raw
crustacés *(mp)*   crustaceans
cube de glace *(m)*   ice-cube
cueillette *(f)*   gathering, harvesting (of grapes)
cueillir   gather, harvest
cuiller (cuillère) (à dessert) (à soupe) *(f)*   spoon (dessert, soup)
cuillerée *(f)*   spoonful
cuire   cook
cuisine *(f)*   kitchen, cooking
cuisinier *(m)*   cook
cuisinière *(f)*   cooker, female cook
cuissard *(m)*   wader
cuisse *(f)*   leg, thigh
cuisseau *(m)*   leg fillet (veal)
cuisson *(f)*   cooking, cooking-time
cuissot *(m)*   leg, haunch
culinaire   culinary, cooking
culotte *(f)*   rump (of beef)
cultiver   cultivate, grow
culture *(f)*   culture, growing
cumin *(m)*   cumin
curri *(m)*   curry
curriculum vitae *(m)*   brief details of education, career to date
curseur *(m)*   cursor, runner
cuvaison *(f)*   fermenting (in vats)
cuve *(f)*   vat, chamber, bowl
cuvée *(f)*   vat(ful)
cuvette *(f)*   bowl

dactylographie *(f)*   type-writing

darne *(f)*   slice of fish across the bone
datte *(f)*   date
daubière *(f)*   pot for stewing a **daube** (meat in red wine)
débarrasseur *(m)*   table-clearer in restaurant
débile   weak
débit *(m)*   output
débouchage *(m)*   uncorking, broaching
déboucher   uncork, broach
debout   standing
débrider   untruss
début *(m)*   beginning
décanter   decant, rack
déceler   detect
déchets *(mp)*   waste, refuse, wastage
décongeler   defrost, thaw
décorer   decorate
décortiquer   remove the shell
découper   carve
découvrir   discover, uncover
décret *(m)*   decree
décrire   describe
dédier   dedicate
défier   defy
déglacer   deglaze
dégorgement *(m)*   removal of deposit from neck of bottle
dégorger   purge in (cold) water
dégorgeur *(m)*   man responsible for **dégorgement**
dégraisser   remove fat from, skim fat from a liquid
dégustation *(f)*   sampling, tasting
déguster   sample, taste
déjà   already
délayer   add liquid
délimité   defined, demarcated
demeure *(f)*   dwelling
demeurer   remain
démontable   detachable
démontage *(m)*   dismantling

démouler   take out of mould
dénerver   remove sinews
dénoyauter   stone, remove stones from
dent *(f)*   prong, tooth (serrated edge)
dépasser   surpass, go beyond
dépendre   depend
dépit (en . . . de)   in spite of
déployer   display
déposer   place, deposit
dépôt *(m)*   deposit, lees
dépouiller   skin, strip
dépourvu   lacking, devoid of
député *(m)*   deputy, delegate
déranger   disturb
dernier (ce . . .)   (this) latter, last
dérober   skin, peel, shell
désarêter   remove bones from fish, bone
déséquilibrer   throw out of balance
désigner   designate, show, indicate
désormais   henceforth
désosser   bone, remove bones from
dès que   as soon as
dessaler   remove salt from
dessécher   dry (thoroughly)
dessert *(m)*   dessert
dessus (au . . . de)   above
dessus *(m)*   top
détacher   cut off, separate
détendre   soften dough by adding water, thin by adding
    liquid
déterminé   definite, well-defined, specific
détremper   mix flour with water
devenir   become
déverser   pour out, discharge
devoir   have to, be obliged to
diabétique *(m)*   diabetic
diététicien *(m)*   dietician

diététique *(f)*   dietetics
digue *(f)*   embankment
diluer   dilute
diminuer   diminish, reduce, decrease
dinde *(f)*   turkey
dindon *(m)*   turkey
dindonneau *(m)*   young turkey
dire (au ... de)   according to
directeur *(m)*   manager
direction *(f)*   management
directrice *(f)*   manageress
dispenser (se)   excuse oneself (from)
disponible   available
disposer   place, arrange
dispositif *(m)*   device
disposition *(f)*   arrangement, condition, provision
dissiper (se)   be dissipated
dissoudre   dissolve
distinguer   distinguish, differentiate
distinguer (se)   be different
dit   called, known as
divers   various, different
doigt *(m)*   finger
domaine *(m)*   domain
donc   therefore
dont   of which, whose
dorer   colour golden, fry till golden
dosage *(m)*   addition of wine and sugar, dosage
dose *(f)*   dose
dossier *(m)*   file, record
doucement   gently
douche *(f)*   shower
douil *(m)*   large vat for transporting grapes
douille *(f)*   piping-nozzle
doux   sweet, gentle, low (heat)
dragée *(f)*   sugared almond
dresser   arrange, set up, a dish

droit *(m)*   right
dur   hard
durable   lasting
durée *(f)*   length of time, duration
durer   last
duxelles *(f)*   preparation of mushrooms and shallots

eau-de-vie *(f)*   brandy, spirit
eau douce *(f)*   fresh-water
ébarber   remove beard, root-hairs
ébouillanter   scald
ébullition *(f)*   boiling
écailler   remove scales
échalas *(m)*   vine-prop
échalote *(f)*   shallot
échange *(m)*   exchange
échangeur thermique *(m)*   thermal exchanger
échapper   escape
échauder   scald
échec *(m)*   failure
échelle *(f)*   scale
échine *(f)*   chine
éclairage *(m)*   lighting
économe *(m) (f)*   storekeeper
écorcer   peel
écorcher   skin, flay (of large animal)
écosser   shell, shuck
écoulage *(m)*   "drawing" of wine for bottling
écoulement *(m)*   flow, flowing
écouler   flow out
écraser   crush, grind
écrémer   skim milk
écrevisse *(f)*   crayfish
écrin *(m)*   case
écrits *(mp)*   writings, works
écriture *(f)*   handwriting
écrivain *(m)*   writer, author

écumer skim, remove scum
écumoire *(f)* skimmer, skimming-ladle
édifice *(m)* building of some architectural merit
effectuer (s') be accomplished, carried out
effet *(m)* result
effet (en . . .) indeed
effeuiller remove leaves
efficace efficient, efficacious
efficacité *(f)* effectiveness, efficacity
effiler string (beans), shred
égal equal
également equally
égaliser level, smooth
égout *(m)* sewer, drain
égoutter drain
égrapper remove (grapes, berries) from stalk
égrener remove from stalk
éjection *(f)* ejection
élevage *(m)* rearing, breeding
élevé high
élever breed, raise
élu elected (**élire**)
émaillé enamelled
emballer pack, wrap
embarras du choix *(m)* too much to choose from
embase *(f)* base
embouteillage *(m)* bottling
émietter reduce to crumbs
émincer slice thinly
émonder skin (by blanching)
empêcher prevent
emploi *(m)* job, employment
employer use
empoisonner (s') poison (oneself)
emporte-pièces *(m)* pastry-cutter
emporter take away
émulsionner emulsify

encore   again
endive *(f)*   chicory
endroit *(m)*   place
enduire   smear
engrais azoté *(m)*   nitrate fertilizer
engraisser   fatten
enlever   remove
enrober   coat
ensemble   together
ensemble *(m)*   the whole, blend(ing), assembly, unit
ensoleillé   sunny, bathed in sunshine
ensuite   next
entasser   heap, pile
entendu (bien . . .)   of course
entonner   sing, intone
entourer   surround, circle
entraîner   bring, include
entre   between
entrecôte *(f)*   steak cut from between ribs
entrée *(f)*   entrée, entrance-hall
entremêler   mingle, intermingle
entreprise *(f)*   firm, company, concern
entretenir   keep (up), maintain
entretien *(m)*   upkeep, maintenance
envahir   invade, overrun, encroach upon
environ   about
épais   thick
épaissir   thicken
épaule *(f)*   shoulder
épépiner   remove seeds
éperlan *(m)*   smelt
épice *(f)*   spice
épinards *(mp)*   spinach
épluchage *(m)*   paring, peeling, "thinning" of grapes
        etc.
éplucher   peel, pare
époque *(f)*   period, epoch

éprouver   experience
épuisette *(f)*   landing-net
équilibre *(m)*   balance
équille *(f)*   sand-eel
équipé   equipped
erreur *(f)*   mistake, error
érudit   erudite, learned
escalope *(f)*   veal scollop
escaloper   cut on the bias
escargot *(m)*   snail
escargotière *(f)*   snail-dish
espagnol *(m)*   Spanish (language)
espalier *(m)*   espalier, lattice for training fruit-trees
espèce *(f)*   kind, species
esprit vif *(m)*   alert mind
essai *(m)*   attempt, essay
essayer   try
est   east
estimer   esteem, prize, value
estomac *(m)*   stomach
estouffade *(f)*   stew
estragon *(m)*   tarragon
et . . . et   both . . . and
établir   establish, settle
établissement *(m)*   establishment, institution
étamé   tinned, galvanized
étamine *(f)*   cloth strainer
étape *(f)*   stage
état *(m)*   state, condition
Etats généraux *(mp)*   States General
éteindre   extinguish
étendre (s')   stretch, spread
étiquette *(f)*   label
étoile *(f)*   star
étonner (s')   be astonished, surprised, wonder
étouffade *(f)*   stew, braising
étouffée *(f)* **(à l'. . .)**   stewed, braised

étouffer   stew, cook slowly
étourneau *(m)*   starling
étrange   strange
étranger   foreign
étranger *(m)*   foreigner
étrier *(m)*   stirrup
étroitement   closely
étude *(f)*   study
étudiant *(m)*   student
étudié   conceived, planned
étudier   study
étuve *(f)*   Turkish bath, sweat-room of baths
étuver   stew, cook slowly
étymologie *(f)*   etymology, (linguistic) origin
évaporer   evaporate
évidemment   of course, naturally, certainly
évier *(m)*   sink
éviter   avoid, escape from
évoquer   evoke
exigences *(fp)*   demands, exigencies
exiger   require, insist upon, demand
expérimenté   experienced
expliquer   explain
exprès   expressly, on purpose
exprimer   squeeze, squash, extract, press out
exprimer (s')   express oneself
exquis   exquisite

fabricant *(m)*   wine-producer
face (en . . .)   opposite
facile   easy
faciliter   make easy, facilitate
façon *(f)*   way, method, fashion
façon (de toute . . .)   in any case
facteur *(m)*   factor
fade   insipid, flavourless, tasteless
faible   low

faisan *(m)*   pheasant
faisander   hang (meat)
fait (en . . .)   in fact, indeed
faitout *(m)*   all-purpose pan
farce *(f)*   stuffing
farcir   stuff
farine *(f)*   flour
fariner   coat with flour
faune *(f)*   fauna, animal-life
faut (il . . .)   it is necessary
faute de quoi   failing which
faux   false
faux-filet *(m)*   sirloin of beef, boned and trimmed
favoriser   encourage, promote, favour
fécule *(f)*   starch
femme de chambre *(f)*   chambermaid
fendre   split
fenouil *(m)*   fennel
ferme   stiff, firm
ferment *(m)*   yeast, ferment
fermenter   ferment
ferré   be "up" in a subject, well-informed
fêter   celebrate
feu *(m)*   fire, flame, heat
feuille *(f)*   leaf
feutré   quiet, silent
fève *(f)*   bean (broad)
ficeler   tie with string
fichier *(m)*   card-index, filing-system
fier (se)   trust in, rely on
figé   fixed, motionless, set
figer   congeal, fix
figue *(f)*   fig
fil *(m)*   line
filet *(m)*   fillet, net
filet mignon *(m)*   tenderloin
fin   fine, thin

fixe   fixed, firm, stationary
flageolet *(m)*   small kidney bean
flamber   flame, singe
flamme pilote *(f)*   pilot light
flanchet *(m)*   flank
flétan *(m)*   halibut
fleurir   flower, blossom
fleuve *(m)*   river
foie *(m)*   liver
foie gras *(m)*   fatted liver
fois (à la . . .)   at the same time
foisonnement *(m)*   expansion, increase
folle *(f)*   madwoman
foncer   line bottom of dish etc. with paste
fonctionner   function, work
fond *(m)*   base, bottom
fond (au . . .)   at the end (of)
fond d'artichaut *(m)*   base of artichoke
fonder   found
fondre   melt, smelt, cast
fontaine *(f)*   well (in flour)
fonte *(f)*   cast (iron etc.)
forêt *(f)*   forest
forme *(f)*   shape, form
former (se)   be formed, shaped
former   form
fort   strong
fouet *(m)*   whisk
fouetter   whisk, whip
fouler   press (grapes)
four *(m)*   oven
fourchette *(f)*   fork
fourchon *(m)*   prong
fourneau *(m)*   kitchen-range, stove
fournir   furnish, provide
fourrager   (pertaining to) fodder
fourrer   fill

foyer *(m)*   hearth, fireplace
frais (fraîche) *(f)*   fresh, cool
fraise *(f)*   strawberry
fraiser   knead paste, dough
framboise *(f)*   raspberry
frapper   chill
frémir   (just) simmer
friand   partial to, fond of
fricandeau *(m)*   braised silverside joint (veal)
fricassée *(f)*   white **ragoût**
fricasser   to **fricassée**
frire   fry
frissonner   simmer gently
friture *(f)*   frying
froid   cold
fromage *(m)*   cheese, preparation (e.g. brawn) in shape
 of a cheese
frotter   rub
fuir   flee
fumé   smoked
fumée *(f)*   smoke, fumes
fusil *(m)*   sharpening steel
fût *(m)*   cask, barrel
futaille *(f)*   cask, tun

galantine *(f)*   boned poultry, stuffed and served cold
gamme *(f)*   range
garantir   guarantee
garçon de restaurant *(m)*   waiter
garde-manger *(m)*   larder
garder   keep, retain
garnir   garnish, coat
garniture *(f)*   garnish
gastronome *(m)*   gourmet
gauche   left
gaufre *(f)*   waffle
gaufrier *(m)*   waffle-iron

gaulois   Gallic, of Gaul
gave *(m)*   mountain stream
gaver   cram, gorge, force-feed
gaz carbonique *(m)*   carbon dioxide
gaz ville *(m)*   mains gas
gelée *(f)*   jelly
geler   freeze, become frozen
genièvre *(m)*   juniper, gin
gérant *(m)* (**gérante** *(f)*)   manager (manageress)
gibelotte *(f)* **fricassée** of hare or rabbit in wine
gibier *(m)*   game
gigot *(m)*   leg of lamb
gigue *(f)*   haunch
gilet de corps *(m)*   singlet
gingembre *(m)*   ginger
girofle *(m)*   clove
gîte *(m)*   leg, shin of beef
gîte à la noix *(m)*   silverside
glace *(f)*   ice-cream
glacer   freeze, glaze
glacière *(f)*   icing-sugar dredger, ice-store
glaçon *(m)*   ice-cube, plug of ice
gommer   cover with gum
goujon *(m)*   gudgeon
goulot *(m)*   neck of bottle (inside)
gourmet *(m)*   gourmet, gastronome
gousse *(f)* **d'ail**   clove of garlic
goût *(m)*   taste
goûter   taste
goutte *(f)*   drop, drip
grâce à   thanks to
gradué   graduated
grain *(m)*   individual grape, grain
graisse *(f)*   grease, fat
graisser   grease, smear with grease
grappe *(f)*   bunch (of grapes)
gras-double *(m)*   tripe

gratin *(m)*   dish that is gratinated
gratiner   gratinate
gratter   scrape
grave   serious, heavy
grêle *(f)*   hail
grenade *(f)*   pomegranate
grenadin *(m)*   small **fricandeau**
grenier *(m)*   granary, storehouse
gril *(m)*   grid, grill
grille-pain *(m)*   toaster
griller   grill
grilse *(m)*   grilse
gris clair . light grey
grive *(f)*   thrush
gros   big, large
groseille à maquereau *(f)*   gooseberry
groseille blanche *(f)*   white-currant
groseille noire   black-currant
groseille rouge *(f)*   red-currant
grosseur *(f)*   size
grossier   vulgar, ill-mannered
grossir   put on weight
grumeaux *(mp)*   curds
gryphée *(f)*   Portuguese oyster
guide *(m)*   guide
guignette *(f)*   winkle

habiller   prepare for cooking, dress (of poultry)
habitude (avoir l'...)   be in the habit of, accustomed
    to
habituel   usual, customary
hache-légumes *(m)*   vegetable-mincer
hacher   mince, chop
hache-viande *(m)*   (meat) mincer
hachis *(m)*   mince
hachoir *(m)*   mincer
haie *(f)*   hedgerow

halicot de mouton *(m)*   stew of mutton and vegetables
hampe *(f)*   flank, belly (deer)
hanche *(f)*   haunch
hareng *(m)*   herring
hareng saur *(m)*   red herring
haricot blanc *(m)*   haricot bean
haricot d'Espagne *(m)*   runner-bean
haricot rouge *(m)*   red bean
haricot vert *(m)*   French bean
harmoniser (s')   blend (with)
hasard (par . . .)   (by) chance
haut   high
haut (en . . .)   above
haute mer *(f)*   high-seas
hauteur *(f)*   height
hectare *(m)*   hectare (2.47 acres)
hélice *(f)*   (Achimedean) screw
herbe aromatique *(f)*   aromatic herb
héritage *(m)*   heritage, inheritance
hermétique(ment)   hermetic(ally)
hiver *(m)*   winter
homard *(m)*   lobster
homard de Norvège *(m)*   Norway lobster, Dublin Bay
  prawn
homme politique *(m)*   politician
homogénéiser   homogenize, render uniform
honorer   honour
hôtel *(m)*   hotel, mansion
hotte *(f)*   cooker hood, basket carried on back in vineyard
houblon *(m)*   hops
hublot *(m)*   lit. port-hole, see-through door
huile *(f)*   oil
huiler |oil; dress, coat, smear with oil
huître *(f)*   oyster
hure *(f)*   head (of boar)
hydrocarbone *(m)*   carbohydrate
hysope *(f)*   hyssop

identique   identical
ignoble   ignoble, unspeakable, vile
imagé   picturesque
imbriquer   build within, brick in
immangeable   inedible, uneatable
immerger   immerse
immondices *(fp)*   dirt, refuse, rubbish
imparfait   imperfect
impeccable   in perfect condition
important   important, large
importe (n' . . .)   no matter, never mind
importe (n'. . . quel)   no matter which, any
imposer   impose, demand
imprégner   permeate, impregnate
imprudence *(f)*   rashness, imprudence
inaltérable   resistant
incassable   unbreakable
incendier   set ablaze
incertitude *(f)*   uncertainty
inciser   incise, make an incision
incolore   colourless
inconsommable   inedible
incorporer   incorporate
indigène   native
indiquer   show, indicate
inférieur   lower
infini   endless, infinite
infrarouge   infra-red
infuser   infuse
infusion *(f)*   infusion
ingénieux   ingenious
ingrédient *(m)*   ingredient
inoxydable   rustless, stainless
inscrire (s')   be responsible (lit. put one's name down)
instaurer (s')   be set up
instituer (s')   set oneself up (as)
intérieur   inside, interior

intitulé entitled
intrinsèque intrinsic
introduire insert, introduce
inutile useless
invité *(m)* (private) guest
irrégulier erratic
isard *(m)* mountain-goat
isoler insulate

jambon *(m)* ham
jambonneau *(m)* hamkin
jarret *(m)* knuckle
jaune (d'oeuf) *(m)* (egg) yolk
jeu *(m)* set
jeûner fast, starve
jouer play
jouir de enjoy
journal *(m)* newspaper
judiciaire judicial
jugement *(m)* judgement
juguler strangle, throttle
Juif *(m)* Jew
julienne *(f)* vegetables cut into strips
jurassique *(m)* Jurassic formation
jus *(m)* juice, gravy
jusqu'à until, up to, as far as
jusqu'ici up to the present

kari *(m)* curry

laitance *(f)* soft roe
laitue *(f)* lettuce
lame *(f)* blade
lampe témoin *(f)* pilot light, safety light
lampion *(m)* lantern
lamproie *(f)* lamprey
lancer (la pêche au . . .) spinning, casting

langouste *(f)*   spiny lobster, crawfish
langoustine *(f)*   Norway lobster, Dublin Bay prawn
langue *(f)*   tongue, language
lapereau *(m)*   young rabbit
lapin *(m)* **(de garenne) (de clapier)**   (warren) rabbit,
   (domestic) rabbit
laqué   lacquered
lard *(m)*   bacon
lard de poitrine *(m)*   belly-pork
larder   lard
lard maigre *(m)*   streaky bacon
lardoire *(f)*   larding-needle
lardon *(m)*   strip of larding bacon
large   wide
large (au . . . de)   off the coast of
largeur *(f)*   width
las   weary
laurier *(m)*   bay (leaf)
lavable   washable
laver   wash
lavette *(f)*   dish-cloth
légalisé   legalized
léger   light
légume *(m)*   vegetable
lent   slow
lenteur *(f)*   slowness
lentille *(f)*   lentil
lépreux *(m)*   leper
lever   raise, remove
lèvre *(f)*   lip
levure *(f)*   yeast
liaison *(f)*   binding, thickening
libre   free, friendly
lie *(f)*   lees, dregs, deposit
lier   bind, thicken
lieu (avoir . . .)   take place
lièvre *(m)*   hare

ligne de fond *(f)* line (for fishing "off the bottom")
limaçon de mer *(m)* winkle
limande *(f)* dab, lemon-sole
lime *(f)* sweet lime
limiter limit
limon *(m)* silt, mud, sour lime
limpide clear, limpid
liqueur *(f)* liqueur
liquide *(m)* liquid
lire read
lisser smooth
liste *(f)* list
lit *(m)* bed, layer
litre *(m)* litre (about 1·75 pints)
littorine *(f)* winkle
livèche *(f)* lovage
livrer deliver
local *(m)* premises, building
loche *(f)* loach
logé lodging (included)
logement *(m)* recess (for bottles etc.)
loger store, lodge, put
logique logical
loi *(f)* law
loin far
loisir *(m)* leisure
·**long (le ... de)** along
longe *(f)* loin
longtemps (for a) long time
longueur *(f)* length
lorsque when
lotte *(f)* burbot
louche *(f)* ladle
loup de mer *(m)* sea-perch
lourd heavy
lustrer glaze, polish
luter seal with paste

luxe *(m)*   luxury

macaroni *(ms* or *mp)*   macaroni
macédoine *(f)*   dice of mixed vegetables or fruit
macérer   macerate, steep, soak
macis *(m)*   mace
magasin *(m)*   shop
maigrir   slim, lose weight
main-courantière *(f)*   person who looks after the day-book (tabular-ledger)
maintenant   now
maintenir   hold in place
maintien *(m)*   upkeep, maintenance
maire *(m)*   mayor
maïs *(m)*   maize, sweet corn
maison *(f)*   firm
maison de commerce *(f)*   business concern, firm
maître d'hôtel *(m)*   head-waiter
maître d'hôtel de carré *(m)*   station head-waiter
maître d'hôtel de rang *(m)*   station head waiter
maître d'hôtel de réception *(m)*   reception head-waiter
maître queux *(m)*   master cook
malade *(m)*   sick person
maladif   sickly
malaxer   work, knead
malgré   in spite of
mamelle *(f)*   source
manche *(m)*   handle
mandarine *(f)*   mandarin orange, tangerine
mandoline *(f)*   mandolin, slicer, shredder
mange-tout *(m)*   sugar-pea
manier   soften, work (e.g. butter)
manière *(f)*   manner
manière (de ... à)   in such a way as to
manquer   be lacking, missing
manuellement   by hand
maquereau *(m)*   mackerel

maraîcher (jardin) *(m)*   market (garden)
marais *(m)*   marsh, fen
marc de raisin *(m)*   marc of grapes
marchand de vins *(m)*   wine-merchant
marchandises *(fp)*   goods
marché *(m)*   market
marée *(f)*   sea
mariner   marinate, marinade, pickle
marjolaine *(f)*   marjoram
marmelade *(f)*   marmalade, stewed fruit
marmite *(f)*   stock-pot
marque *(f)*   brand-name
marquer   prepare for cooking
marron *(m)*   sweet chestnut
masquer   mask, coat
masse (en . . .)   in mass
massepain *(m)*   marzipan
matelote *(f)*   stew of fish in wine
matière *(f)*   substance
matière grasse *(f)*   fatty substance
matière plastique *(f)*   plastic
maturation *(f)*   maturation, ripening
maturité *(f)*   maturity, ripeness
mauve *(f)*   mallow
mazout *(m)*   fuel oil
mécanisme *(m)*   works, mechanism
médecin *(m)*   doctor
méfier (se . . . de)   mistrust, distrust, beware of
mélange *(m)*   mixture, blend
mélanger   mix, blend
mélisse *(f)*   balm
melon *(m)*   melon
même   even
mémoire *(m)*   dissertation, thesis
mémoire *(f)*   memory
ménage *(m)*   household
ménager   domestic

ménagère *(f)*   housewife, oil and vinegar set
mensuellement   per month, monthly
méridional   southern
meringue *(f)*   meringue
meringuer   decorate with meringue
merise *(f)*   wild cherry
merisier *(m)*   wild cherry tree
merlan *(m)*   whiting
merluche *(f)*   hake
merrain *(m)*   stave of wood for coopering
merveille (à . . .)   excellently, wonderfully well
méthode *(f)*   manner, method
méthodique   methodical, organized
métier *(m)*   job
mets *(m)*   dish
mettre   put
meurtrir   bruise
Midi *(m)*   South of France
mie de pain *(f)*   crumb of bread (as opposed to crust)
miel *(m)*   honey
mignonette *(f)*   coarse-ground pepper
mijoter   simmer
millésimé   vintage (of one particular year)
milliard *(m)*   one thousand million
mince   thin
mineur *(m)*   miner
mirabelle *(f)*   mirabelle plum
mirabellier *(m)*   mirabelle plum tree
mirepoix *(f)*   dice of vegetables
miroir *(m)*   mirror (thus, smooth surface)
mitonner   simmer
mixer *(m)*   mixer, blender
mobile   movable
mode *(m)*   method
mode *(f)*   style, fashion
modèle *(m)*   model
modérer   moderate

modifier modify
moelleux soft, moist
moeurs *(fp)* manners, customs
moindre less
moine trappiste *(m)* Trappist monk
moins less
mois *(m)* month
moitié *(f)* half
monde *(m)* world
monder skin by blanching
mondial world-wide
monter set, fix, fit
monter en neige beat stiffly
mordre bite
morille *(f)* morel (type of mushroom)
mort *(f)* death
mortier *(m)* mortar
mortifier hang meat to tenderize
morue *(f)* salt-cod
mot *(m)* word
mouche *(f)* fly
mouiller moisten, wet
moule *(m)* mould, plates in waffle-iron
moule *(f)* mussel
moulé moulded
mouler to mould
moulin *(m)* mill
moulinet *(m)* reel
mourir die
mousquetaire *(m)* musketeer
mousse *(f)* froth, foam, light preparation, sparkle (in wine)
mousseron *(m)* mushroom
mousseux sparkling
moussoir *(m)* whisk
moût *(m)* must (of wine)
moutarde *(f)* mustard
moutardier *(m)* mustard-pot

mouton *(m)*   sheep, mutton
mouvette *(f)*   wooden spoon
moyen   medium
moyen *(m)*   means
Moyen-Age *(m)*   Middle Ages
mulet *(m)*   mullet
muni   equipped with
mûr   ripe
muraille *(f)*   wall
mûre *(f)*   mulberry
mûre sauvage *(f)*   blackberry
mûrir   ripen, mature
muscade *(f)*   nutmeg
muselet de fer *(f)*   wire retaining clip on bottle
myrte *(m)*   myrtle
myrtille *(f)*   bilberry

naissance *(f)*   birth
naître   be born
nappe *(f)*   tablecloth
napper   cover, coat (with sauce)
navet *(m)*   turnip
néant *(m)*   nought, nothing
ne . . . aucun   not . . . any
nectarine *(f)*   nectarine
nèfle *(f)*   medlar
négliger   neglect, ignore
négociant *(m)*   wine-merchant
nénuphar *(m)*   water-lily
net   clear, distinct
nettoyer   clean, cleanse
neuf   new
niveau *(m)*   level
noblesse *(f)*   nobleness, nobility
noisette *(f)*   hazel-nut
noisette de mouton *(f)*   lamb chop cut from fillet of
    saddle
noix *(f)*   walnut, cushion of veal

noix d'acajou *(f)*   cashew-nut
noix de Brésil *(f)*   Brazil nut
noix muscade *(f)*   nutmeg
nom *(m)*   name
nombreux   numerous
non-sens *(m)*   nonsense, contradiction in terms
norme *(f)*   standard, norm
noter   mark, grade
notion *(f)*   notion, idea
nourri   board (included)
nourrir   feed, nourish
nourrissant   nourishing
nourriture *(f)*   food
noyau *(m)*   nut, kernel, stone
nul   nil, no
nulle part ailleurs   nowhere else

obèse *(m) (f)*   obese person
obtenir   obtain
occasion *(f)*   opportunity
odeur *(f)*   smell
oeillette *(f)*   poppy-seed (oil)
oeuf *(m)*   egg
oeuvre *(f)*   work, piece of work
offre *(f)*   offer, proposal
offrir   offer
oie *(f)*   goose
oignon *(m)*   onion
olive *(f)*   olive
ombre *(m)*   grayling
onctueux   smooth
opérer (s')   take place
orbite *(m)*   socket
ordre *(m)*   order
ordures *(fp)*   rubbish, refuse
orge *(m) (f)*   barley
orge perlé *(m)*   pearl barley

orgueil *(m)* pride
orner decorate
ortolan *(m)* bunting
oseille *(f)* sorrel
oser dare
oublier forget
ouest *(m)* west
outre besides, beyond
ouvert open
ouverture *(f)* opening
ouvre-boîtes *(m)* tin-opener
ouvre-bouteilles *(m)* bottle-opener
ouvre-huîtres *(m)* oyster-knife
ouvrir open
oxyder (s') oxidize
oxygène *(m)* oxygen

page *(m)* page-boy
pagelle *(f)* sea-bream
paille *(f)* straw
paleron *(m)* chuck steak
palette *(f)* palette-knife
palourde *(f)* clam, cockle
pamplemousse *(m) (f)* grapefruit
panacher mix (in colour)
panais *(m)* parsnip
paner breadcrumb
panier à friture *(m)* frying-basket
panne de porc *(f)* lard
panoplie *(f)* (full) set
paprika *(m)* paprika
paradis *(m)* paradise
paraître seem, appear
parer trim, pare
paresse *(f)* laziness
parfait perfect
parfois sometimes, occasionally

parfum *(m)* fragrance
parmesan *(m)* Parma cheese
parmi amongst
paroi *(f)* wall, side
parsemer sprinkle
part *(f)* share
particularité *(f)* characteristic, particular nature
particulier special
partie *(f)* part
partir set off, depart
partout everywhere
passer sieve, strain
passoire *(f)* sieve, strainer, colander
pastèque *(f)* water-melon
pâte *(f)* paste, dough
pâte à beignets *(f)* fritter-paste
pâte à brioche *(f)* *brioches* paste
pâte à choux *(f)* chou paste
pâte à crêpes *(f)* pancake-paste
pâte à foncer *(f)* lining-paste
pâte à frire *(f)* frying-batter
pâte à l'eau *(f)* water-paste
pâte à pain *(f)* bread-dough
pâte brisée *(f)* short paste
pâte feuilletée *(f)* puff-paste
pâte levée *(f)* raised paste
pâte sucrée *(f)* sweet paste
pâté *(m)* pie, patty (also shape of pie)
patelin *(m)* small village
pâtisserie *(f)* pastry
pâtissier *(m)* pastry-cook
pâturage *(m)* pasture
paupiette *(f)* rolled fillet (of sole)
pavillon *(m)* detached house
payer (se) treat oneself to, afford
pays *(m)* country
paysan *(m)* peasant-farmer

peau *(f)*   skin
pêche *(f)*   peach
pêcher   fish
pêcher à la ligne   fish with rod and line
peine *(f)*   difficulty
peler   peel
pelle *(f)*   scoop
pendant que   while, whilst
pénombre *(f)*   half-light, semi-darkness
pension de famille *(f)*   boarding-house
pensionnat *(m)*   hostel, boarding-school
pépin *(m)*   pip, seed
percé de   holed with
perche *(f)*   perch
perche commune *(f)*   bass
percolateur *(m)*   percolator
perdreau *(m)*   young partridge
perdrix *(f)*   partridge
péremptoire   peremptory, dogmatic
péril *(m)*   danger
persil *(m)*   parsley
persiller   sprinkle with parsley
peser   weigh, measure
pétale *(f)*   petal
petit-lait *(m)*   whey
petit pois *(m)*   garden pea
pétrir   knead
pétrisseuse *(f)*   kneading-machine
phrase *(f)*   sentence
pièce *(f)*   cut
pièce de boeuf *(f)*   point of rump
pied *(m)*   stalk
pied de vigne *(m)*   vine-stock
pieuvre *(f)*   octopus
pigeon *(m)*   pigeon
pilchard *(m)*   pilchard
piler   crush, pound, grind

piment *(m)*   pimento
pimenter   season with pimento
pince *(f)*   tongs
pinceau à dorure *(m)*   pastry-brush
pintade *(f)*   guinea-fowl
piquer   lard, stick
plaire   please
plaisir *(m)*   delight, pleasure
planche *(f)*   plank, board
planche à découper *(f)*   carving-board
planche à pâte *(f)*   pastry-board
plaque à pâtisserie *(f)*   baking-sheet
plaque à rôtir *(f)*   roasting-tray
plaque à trous *(f)*   holed disc (of mincer)
plaque électrique *(f)*   electric plate, ring
plat à gratin *(m)*   gratinating-dish
plat allant au feu *(m)*   fire-proof dish
plat allant au four *(m)*   oven-proof dish
plat à rôtir *(m)*   roasting-dish
plat de service *(m)*   service-dish
plate *(f)*   flat-bottomed boat, punt
plateau *(m)*   tray, plateau
plate-côte *(f)*   flat-rib
pliant *(m)*   folding chair
plie *(f)*   plaice
plier   fold
plonger   plunge, dip
plongeur *(m)*   washer-up
pluie *(f)*   rain
plume *(f)*   feather, pen
plumer   pluck
plupart *(f)*   most
plusieurs   several
plutôt   sooner, rather
poche à douilles *(f)*   piping-bag
pocher   poach
poêle *(f)*   frying-pan

poêler   pot-roast, braise
poêlon *(m)*   copper pan (untinned)
poids *(m)*   weight
poignée *(f)*   handle
poing *(m)*   fist, hand
pointe *(f)*   point
pointe d'ail *(f)*   touch of garlic
pointu   pointed
poire *(f)*   pear
poireau *(m)*   leek
pois carrés *(mp)*   marrowfat peas
pois cassés *(mp)*   split peas
pois chiches *(mp)*   chick peas
poisson d'eau douce *(m)*   fresh-water fish
poisson de mer *(m)*   sea-water fish
poisson-fourrage *(m)*   forage (i.e. non-carniverous) fish
poissonnière *(f)*   fish-kettle
poitrine d'agneau *(f)*   breast of lamb
poitrine de boeuf *(f)*   brisket
poitrine de porc *(f)*   belly-pork
poivre *(m)*   pepper
poivre de Cayenne *(m)*   Cayenne pepper
poivre en grains *(m)*   peppercorns
poivrer   season with pepper
poivrière *(f)*   pepper-pot, turret
poivron *(m)*   pimento, capsicum pepper
polissage *(m)*   polish
pomme *(f)*   apple (on menu = potato)
pomme de terre *(f)*   potato
porc *(m)*   pork, pig
pore *(f)*   pore
port *(m)*   port, harbour
porter atteinte   threaten, interfere with
porte-raviers *(m)*   tray for hors-d'oeuvre
porter un toast   propose a toast
porteur *(m)*   porter
porto *(m)*   port wine

poser place
posséder possess
pot *(m)* pot
potage *(m)* soup
potée *(f)* soup made with pork and vegetables
potiron *(m)* pumpkin
poudre à lever *(f)* baking-powder
poudre de gingembre *(f)* ground ginger
poudre levain *(f)* baking-powder
poularde *(f)* fattened young hen
poulet *(m)* chicken
poulet reine *(m)* young spring chicken
poulpe *(f)* octopus
pourcentage *(m)* percentage
pourpier *(m)* purslane
pour que in order that
pourriture *(f)* rot
pourtant however, nevertheless
pousser grow
poussin *(m)* spring chicken
pratique practical
pratiquer practise, exercise
précis accurate
précision *(f)* accuracy
prélèvement *(m)* culling, gleaning
premier commis *(m)* first assistant
près (de) near (to)
pré-salé *(m)* salt-meadow, salt-meadow lamb
présentation *(f)* appearance
présenter (se) apply in person, appear
presque almost
presse à canard *(f)* duck-press
presse-citrons *(m)* lemon-squeezer
presse-fruits *(m)* fruit-press, juice extractor
presser press, squeeze
pression *(f)* pressure
pressoir *(m)* wine-press

présure *(f)* rennet
présurer add rennet (to)
primordial of first order, most important
principal main
principe *(m)* principle
principe (en . . .) as a rule
printanier of the spring (season)
printemps *(m)* spring (season)
priver deprive
prix *(m)* price
procédé *(m)* process, procedure
prochain next
proche near
produire produce
produit *(m)* **(laitier)** product (dairy)
profond, (peu . . .) deep, (shallow)
profondeur *(f)* depth
projet *(m)* plan
prolongement *(m)* extension
propice propitious, favourable
propre clean, own
proprement dit properly so called
propreté *(f)* cleanliness
propriétaire *(m)* *(f)* owner
propriété *(f)* property
provenir originate
provoquer provoke, give rise to
prudent cautious
prune *(f)* plum
pruneau *(m)* prune
prunelle *(f)* sloe
publier publish
puiser dip
puisque since, because
puissance *(f)* power
pupitre *(m)* desk, bench, rack
purée *(f)* purée

quart *(m)*   quarter
quartier *(m)*   quarter
quasiment   more or less, to all intents and purposes
quelconque   any, ordinary
quelque peu   somewhat
queue *(f)*   tail, handle
quiconque   whoever

râble *(m)*   saddle (of hare or rabbit)
racine *(f)*   root
radis *(m)*   radish
rafraîchir   chill, refresh
ragoût *(m)*   stew of meat
raie *(f)*   ray, skate
raifort *(m)*   horse-radish
raisin *(m)*   grapes
raisin de Corinthe *(m)*   currant
raisin de Smyrne *(m)*   sultana
raisin sec *(m)*   raisin
raison *(f)*   reason
ramollir   soften
rançon *(m)*   price to pay
rangée *(f)*   range, row
rangement *(m)*   positioning, storage
râpe *(f)*   grater
râper   grate
rapport *(m)*   relationship
rave *(f)*   kind of kohl-rabi, rape, coleseed
ravier *(m)*   hors-d'oeuvre dish
rayon *(m)*   shelf, ray
rayonnement *(m)*   radiation, rays
réaliser   prepare, produce
réceptionnaire *(m) (f)*   receptionist
recette *(f)*   recipe
recevoir   welcome, receive
réchaud *(m)*   heater, plate-warmer
recherche *(f)*   research

rechercher   require, seek
récipient *(m)*   receptacle, container
réclamer   call for, require
récoltant *(m)*   harvester
récolte *(f)*   harvest
récolter   harvest, gather grapes
recommander   recommend
reconnaître   recognize
recouvrir   cover
recueillement *(m)*   meditation, contemplation
recueillir   gather
récurer   scour
redresser   set upright
réducteur *(m)*   reducer
réduire   reduce
référence *(m)*   referee
refléter   reflect
réfrigérateur *(m)*   refrigerator
refroidir   cool
régaler (se)   treat oneself, do oneself well
regard *(m)*   look
rège *(f)*   row (of vines)
Régie *(f)*   excise-office
régime *(m)*   diet
réglable   adjustable
réglage *(m)*   control, adjusting
règle *(f)*   ruler
régler   adjust, regulate
réglette *(f)*   scale, graduated slide
règne *(m)*   reign
regretter   regret, be sorry
rehausser   enhance, set off
reine-Claude *(f)*   greengage
rejeter   reject
relever   season, spice
remarquer   notice
remettre   replace, put back

remuer stir
rencontrer (se) meet (one another)
rendement *(m)* output, yield, efficiency
renforcer reinforce, strengthen
renommée *(f)* renown
repaître (se) feed, eat one's fill, gorge oneself
répandu widespread, common
repas *(m)* meal
repos *(m)* rest-day, day-off
reposer rest
représentant *(m)* representative
réputation *(f)* reputation
requis required, requisite
réseau *(m)* network, system
réserver retain, put on one side
ressembler resemble
restaurateur *(m)* restaurant-owner
reste (il ...) there remains
rester remain, stay
résultat *(m)* result
retirer withdraw, take out
retraité *(m)* retired person, pensioner
réunir join together, assemble
réussir succeed
revenir return, brown
revêtement *(m)* covering
rhubarbe *(f)* rhubarb
ridé wrinkled
rigueur (de ...) essential, obligatory
rillette *(f)* pork cut into small pieces, cooked and crushed; used as hors-d'oeuvre when cold
rire laugh
ris de veau *(m)* calf's sweetbreads
risque *(m)* risk
rissoler brown, colour
robinet *(m)* tap
roche (eau de ...) *(f)* lit. rock; (spring-water); tr. "clear as crystal"

rognon *(m)*   kidney
rôle *(m)*   role, part
roman *(m)*   novel
romarin *(m)*   rosemary
rompre   break
romsteck   rumpsteak
rond   round
rosbif *(m)*   roast-beef
rotatif   rotary
rotation *(f)*   rotation
rôti *(m)*   roast
rôtir   roast
rôtissage *(m)*   roasting
rôtissoire *(f)*   Dutch oven
rouelle de veau *(f)*   fillet of veal
rouget *(m)*   red mullet
rouille *(f)*   rust
rouleau *(m)*   rolling-pin
rouler   roll
roux *(m)*   mixture of fat and flour for making sauces
royaume *(m)*   kingdom
ruche *(f)*   bee-hive
ruminant *(m)*   ruminant
rumsteck *(m)*   rumpsteak
rutabaga *(m)*   swede

sablier *(m)*   egg-timer
sacrifier   sacrifice
safran *(m)*   saffron
saillant   protruding, bulging, projecting
saindoux *(m)*   lard
saisir   seize, seal (of meat)
saison *(f)*   season
saisonnier   seasonal
saladier *(m)*   salad-bowl
salaire *(m)*   salary, wages, pay
salé   salted
saler   salt

salière *(f)*   salt-pot, salt-cellar
salle à manger *(f)*   dining-room
salon *(m)*   lounge, living-room
salsifis *(m)*   salsify
sandre *(f)*   pike-perch
sang *(m)*   blood
sangler   freeze sufficiently hard to serve
sanglier *(m)*   wild boar
sans   without
sapide   sapid, savoury
sarriette *(f)*   savory
satisfaire   meet (demands)
sauce poivrade *(f)*   sauce highly seasoned with pepper
saucer   coat, cover with sauce
saucière *(f)*   sauce-boat
saucisse *(f)*   sausage
saucisson *(m)*   preserved sausage
sauf   except
sauge *(f)*   sage
saumon *(m)*   salmon
saumoné   salmon-coloured
saumonière *(f)*   salmon-kettle
saumurer   salt, put in brine
saupoudrer   sprinkle (with powder etc. but not liquid)
sauter   toss, shallow fry
sauter (faire . . .)   force out the cork
sauteuse *(f)*   shallow fry-pan
sautoir *(m)*   see **sauteuse**
sauvage   wild, uncultivated
savarin *(m)*   cake in raised paste, soaked in flavoured
    syrup, then sprinkled with rum or kirsch
saveur *(f)*   flavour, taste, savour
savoir-vivre *(m)*   good manners
savoureux   savoury, tasty
seau à glace *(m)*   ice-bucket
sébile *(f)*   wooden bowl
sec   dry

sécher dry
secouer shake
secrétaire *(m) (f)* secretary
séduisant seductive, attractive, tempting
sélectionner select
selle *(f)* saddle
selon according to
semblable similar, resembling
semoule *(f)* semolina
sens *(m)* sense, meaning
sensible sensitive, appreciative of
sensiblement appreciably, perceptibly
sentir smell
série *(f)* set
serpentin *(m)* coil
serpolet *(m)* wild thyme
serveuse *(f)* waitress
service financier *(m)* financial department
servir serve
servir (se . . . de) make use of, use
servitude *(f)* servitude, bondservice
seul alone, only
si so
siècle *(m)* century
sied (il . . .) it is fitting
signe *(m)* sign
signifier mean, signify
singulier singular, peculiar, remarkable
sirop *(m)* syrup
sobre temperate
socle *(m)* base
soigné careful
soigner look after, care for
soin *(m)* care
soit . . . soit either . . . or
sol *(m)* ground, earth, soil
sole *(f)* sole; base element, lower element (of cooker)

solognote (à la . . .)   in the style of Sologne
sombre   dark
sommelier *(m)*   wine-waiter
sommet *(m)*   summit
sortie (à la . . . de)   when taken out from
sortir   take out
soucoupe *(m)*   saucer
souffler   blow
souhaitable   desirable
souhaiter   wish for, want
soumettre   subject (to)
sous-chef *(m)*   under-chef
sous-noix *(f)*   under-cushion of veal
sous-tension   switched on (of current)
soutenir   support
soutenu   continuous
soutirer   draw off, rack, tap
souvenir *(m)*   memory
souvent   often
souverain *(m)*   sovereign
soyeux   silky
spatule *(f)*   spatula
spirituel   witty
spiritueux *(m)*   spirit
stabilité *(f)*   stability
stable   permanent, reliable
stage *(m)*   training-period
sténodactylographe *(m) (f)*   shorthand-typist
stock *(m)*   stock
stocker   stock
stratifié   laminated
subdiviser   subdivide
subir   undergo
subit   sudden
substance *(f)*   matter, substance
subtil   subtle
sucre *(m)*   sugar

sucre de canne *(m)* cane-sugar
sucre en poudre *(m)* castor-sugar
sucre semoule *(m)* castor-sugar
sucré sweet
sucrier *(m)* sugar-bowl
sud *(m)* south
suer sweat
suffire suffice, to be sufficient, meet
suite *(f)* consequence, result
suivant following, according to
suivre follow
sujet *(m)* subject
superficie *(f)* area
supérieur upper
suppléer supplement, replace
supplément (en . . .) extra, additional
support *(m)* stand
supporter withstand
suppression *(f)* suppression
supprimer suppress
suprême *(m)* name used to designate a dish arranged in fine style; the fillet of a fish or from the breast of poultry
sûr sure, accurate
sur on, out of
surcroît *(m)* excess, increase
surface *(f)* area, surface
surmaturation *(f)* over-ripeness
surmené overworked
surmonter surmount, top
surprenant surprising
surtout especially, above all
surtout que especially as
surveillance *(f)* supervision
surveiller watch over, supervise
survivre survive
sus (en . . .) in addition, extra

syndicat *(m)*   confederation, association, union

tabac *(m)*   tobacco
taille *(f)*   size
tailler   prune, trim, cut up
tamis *(m)*   sieve, strainer
tamiser   sieve, strain
tanche *(f)*   tench
tandis que   whilst (on the other hand)
tanin *(m)*   tannin
tant (en . . . que)   in so far as
tarte *(f)*   tart, flan
tartine *(f)*   slice of bread and butter or jam
tasse *(f)*   cup
temps *(m)*   weather
tenace   tenacious, clinging, stubborn
tende de tranche *(f)*   topside
teneur *(f)*   amount, percentage, degree
tenir au chaud   keep warm, hot
tenter   tempt
terme *(m)*   term, expression
terminer   end, finish
terrain *(m)*   land, piece of land
terrine *(f)*   earthenware dish
tête *(f)*   head
théière *(f)*   teapot
thermo-régulateur *(m)*   thermo-control
thon *(m)*   tunny, tuna
thym *(m)*   thyme
tiers *(m)*   third
tirage *(m)*   drawing-off (of wine)
tire-bouchon *(m)*   corkscrew
tiroir *(m)*   drawer
titre *(m)*   title
toilettes *(fp)*   toilet(s)
toit *(m)*   roof
tôle d'acier *(f)*   sheet steel

tomate *(f)* tomato
tombeau *(m)* tomb
tonneau *(m)* barrel
topinambour *(m)* Jerusalem artichoke
torchon *(m)* duster
torrent *(m)* mountain stream
tour *(f)* tower
tour *(m)* turn
tour de main *(m)* knack, skill
tourer fold over paste
touriste *(m) (f)* tourist
tournebroche *(m)* roasting-jack
tournedos·*(m)* round piece of steak from long fillet
tourner turn, shape (vegetables)
tournesol *(m)* sunflower
tourteau *(m)* edible crab, large round loaf of bread
tourtière *(f)* pie-dish
toutefois nevertheless, however
tout le monde everyone
toxique poisonous
traduire translate
traité *(m)* treatise
traiter treat
tranchant *(m)* cutting-edge
tranche *(f)* slice
tranche-pain *(m)* bread-slicer
trancher slice, carve
tranquille still, stable (wine that has ceased to ferment)
transpiration *(f)* perspiration, sweat
transvaser decant, rack, transfer wine from one barrel
   to another
travail *(m)* work
travailler work, knead, shape
travers *(m)* cross-strip
travers (à . . .) across
tremper wet, moisten, soak
trie *(f)* picking, sorting (of grapes)

tripes *(fp)*   tripe
tronçon *(m)*   thick slice of fish across the bone
tronçonner   cut fish into **tronçons**
trop   too, too much, too many
trou *(m)*   hole
troubler   make cloudy (wine)
trousser   truss
trucs *(mp)*   tricks, dodges, gadgets
truelle à poisson *(f)*   fish-slice
truffe *(f)*   truffle
truffer   garnish with truffles
truite *(f)*   trout
tuer   kill
tulipe *(f)*   tulip
turbot *(m)*   turbot
turbotière *(f)*   turbot-kettle

unanime   unanimous
usage *(m)*   use
ustensile *(m)*   utensil
utile   useful
utilisable   usable
utilisation *(f)*   use
utiliser   use, employ

va (cela ... de soi)   that goes without saying
vacant   vacant
vache *(f)*   cow
valet *(m)*   valet
valeur *(f)*   value
valoir   to be worth
vanille *(f)*   vanilla
vanillé   flavoured with vanilla
vapeur *(f)*   steam, vapour, fumes
vaporisation *(f)*   vaporization, evaporation
variable   variable
variante *(f)*   variation

varié   varied
varier   to vary
vase *(m)*   vase
vaste   vast
veau *(m)*   calf, veal
velouté *(m)*   soup thickened with egg-yolk or cream
venaison *(f)*   venison
vendange *(f)*   vine-harvest
vendangeur *(m)*   vine-harvester
vendre (se)   to be sold
vente *(f)*   sale, selling
venues *(fp)*   comings
verger *(m)*   orchard
vérifier   check, verify
véritable   real
verre *(m)*   glass
verre à vin *(m)*   wine-glass
verser   pour
vertu *(f)*   virtue
verveine *(f)*   verbena
vêtements *(mp)*   clothes
viande *(f)*   meat
victime *(f)*   victim
vide *(m)*   void, empty part
vider   clean (of fish etc.), empty
vieillir   age, grow old
vieillissement *(m)*   ageing
vigne *(f)*   vine
vigneron *(m)*   vine-grower
vignoble *(m)*   vineyard
vin *(m)*   wine
vinaigre *(m)*   vinegar
vinicole   vinicultural
vinification *(f)*   vinification, wine-making
visible   able to be seen
visser (se)   screw together
vitesse *(f)*   speed

viticole   viticultural
viticulteur *(m)*   viticulturist, vine-grower
viticulture *(f)*   viticulture
vivement   vigorously
vivier *(m)*   fish-tank
vivre   live
volaille *(f)*   poultry, (on menu) chicken
vol-au-vent *(m)*   oval or round puff-paste case with various fillings
volontiers   willingly, gladly
voué   destined for, certain to
voûte *(f)*   top element
voyage *(m)*   journey
voyager   travel
vraiment   really, truly
vu   in view of
vue *(f)*   view, survey

yaourt *(m)*   yoghurt
yéménite   Yemenite

zester   remover the zest (outer peel) from citrus fruit
zone *(f)*   zone, area

TEACHING SUGGESTIONS

A1	La Normandie	Reading aloud; dictation of a paragraph; answering questions orally or in writing; discussion of types of dish one finds in the particular region being dealt with; conversation between 3 students (1 waiter, 2 customers) ordering a meal from dishes given in particular passage.
B1	Le Val de Loire	
C1	Les Pyrénées	
D1	La Guyenne et la Gascogne	
E1	Le nord-est	

A2	Canard à la rouennaise	Dictation; oral translation; written translation; compilation of lists of technical terms; translation (either individually or as a class) of an English recipe, teacher writes up according to pattern in this book.
B2	Anguille à la matelote	
C2	La pipérade	
D2	Cèpes à la bordelaise	
E2	Gâteau au chocolat de Nancy	

A3, B3, C3, D3, E3
Advertisements of
    equipment

Few minutes' study followed by oral (or written) translation; compilation of list of equipment (and useful parts, e.g. shelf of refrigerator); description of refrigerator or similar equipment at home.

A4, B4, C4, D4, E4
English passage

Either class translation or individual written translation to be handed in for marking and returning (fair copy on board).

A5, B5, C5, D5, E5
Principes culinaires

Reading aloud; oral translation; questions round class on content (develop idea of common-sense approach to hotel and catering practice); part can be given as dictation.

A6, B6, C6, D6, E6
Biographies

Translation (oral or written); reading aloud; dictation; written exercises on famous English people; discussion of a famous person.

A7, B7, C7, D7, E7 Recipe in English	Class or individual, oral or written translation; compilation of culinary terms list.
A8, C8 Abbreviated advertise- ments	Work through points with class; prepare in advance two advertisements, one in French, the other in English (complete words) for abbreviation in French; student composes his own (abbreviated and unabbreviated) vacancy advertisement; compile list of personnel in French.
B8, D8, E8 Fontevrault Le savoir-vivre à table Les vignobles	Reading aloud; dictation of part; written or oral translation; discussion on points raised (e.g. visits students have made to interesting places in France; written account of such a visit).
A9, C9 Correspondence	Work through points with class; translate letters given (these must be varied and practised two or three times during the year); combine application for job with abbreviations of an advertisement of a vacancy.
B9, D9, E9 Les escargots Les fromages Le poisson	Reading and translation; discussion about "unusual" dishes; oral testing of comprehension of points made.
A10, B10, C10, D10, E10 Long reading passage	Private study; (individual) oral translation of a paragraph; class (if small group) translates orally, then reads aloud when meaning established; better groups can have passage read to them and be asked to make notes on content; discussion of points made; dictation of a section.